춘천, 사계절 꽃 자수

산과 들 자연을 수놓다

춘천, 사계절 꽃 자수

김예진 지음 ― 조선희 그림

한스미디어

목
차

프롤로그 • 6

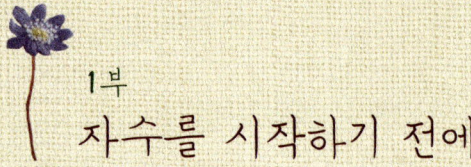

1부
자수를 시작하기 전에

필요한 준비물 • 10
이 책에서 사용하는 자수 기법 • 12
도안 보는 법 • 14
예쁘게 수놓는 법 • 15
도안 옮겨 그리는 법 • 15

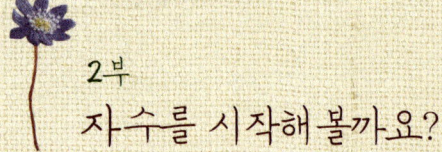

2부
자수를 시작해 볼까요?

간단한 기초 자수 • 18
작은 꽃 핀쿠션 • 24
청보리 • 26
밤하늘 안경집 • 28
밤하늘 북 커버 • 28
눈꽃나무 • 32
전통 실패와 경상도 골무 • 34

3부 춘천, 사계절 꽃 자수

봄
냉이꽃 • 40
붉은 찔레꽃 • 44
나도개감채 • 48
꽃마리 • 50
벚꽃 • 54
개족도리풀 • 58
한련화 • 62

여름
고수꽃 • 68
인동초 • 70
자주꽃방망이 • 74
노랑어리연 • 76
닭의장풀 • 79
금꿩의다리 • 82
자주달개비 • 86
잔대꽃 • 89
싸리꽃 • 92

가을
고마리 • 98
꽃무릇 • 102
개여뀌 • 106
사위질빵꽃 • 109

겨울
비파꽃 • 114
노루귀 • 117
동백꽃 • 120

프
롤
로
그

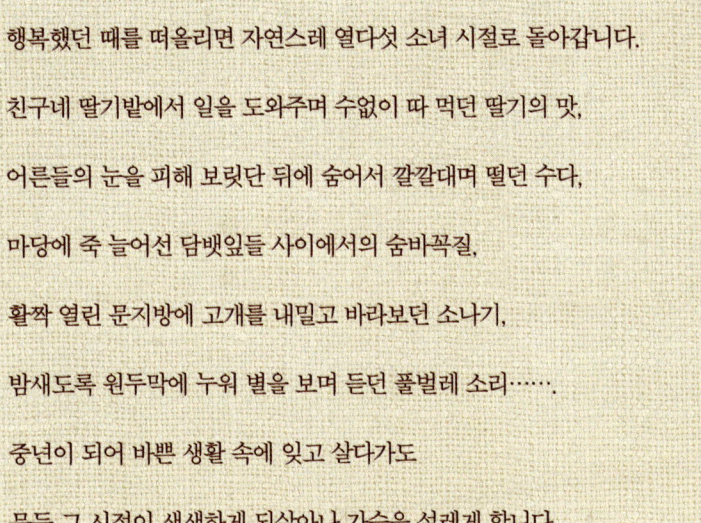

행복했던 때를 떠올리면 자연스레 열다섯 소녀 시절로 돌아갑니다.

친구네 딸기밭에서 일을 도와주며 수없이 따 먹던 딸기의 맛,

어른들의 눈을 피해 보릿단 뒤에 숨어서 깔깔대며 떨던 수다,

마당에 죽 늘어선 담뱃잎들 사이에서의 숨바꼭질,

활짝 열린 문지방에 고개를 내밀고 바라보던 소나기,

밤새도록 원두막에 누워 별을 보며 듣던 풀벌레 소리…….

중년이 되어 바쁜 생활 속에 잊고 살다가도

문득 그 시절이 생생하게 되살아나 가슴을 설레게 합니다.

추억이 꿈이 되어 자연과 함께하는 삶을 동경하게 되고,

여건이 허락되는 만큼이라도 누려보고 싶은 마음에

춘천 물안골 숲에 작은 오두막 하나를 지었습니다.

이제는 첫새벽부터 일어나

흙먼지와 땀이 뒤섞이도록 꽃밭, 텃밭 먼저 살피고

맑은 날엔 천연염색을 해서 줄에 널어 말립니다.

물소리 따라 숲길을 걸으며 들꽃을 보고,

개울 건너 앞산을 바라보며 수놓고, 바느질하다 보면

어느새 밤하늘엔 별이 빼곡히 들어차

뺨에 닿는 시원한 밤바람을 느끼며

평상 끝에 걸터앉아 달 보고 별 보는 호사를 누립니다.

수를 놓듯 수줍게 펴낸 《춘천, 사계절 꽃 자수》.

초보자가 보기에 다소 어렵게 느낄 수 있어

실제로 수놓을 때 필요한 요소들을 도안에 풀었습니다.

수를 배우고 싶고, 수를 놓다 어려운 점이 있으면 언제든 제 카페에 찾아오세요.

꽃을 수놓는 일이 자연과 함께할 수 있어 즐겁고, 많은 사람과 나눌 수 있어 행복합니다.

1부

자수를
시작하기 전에

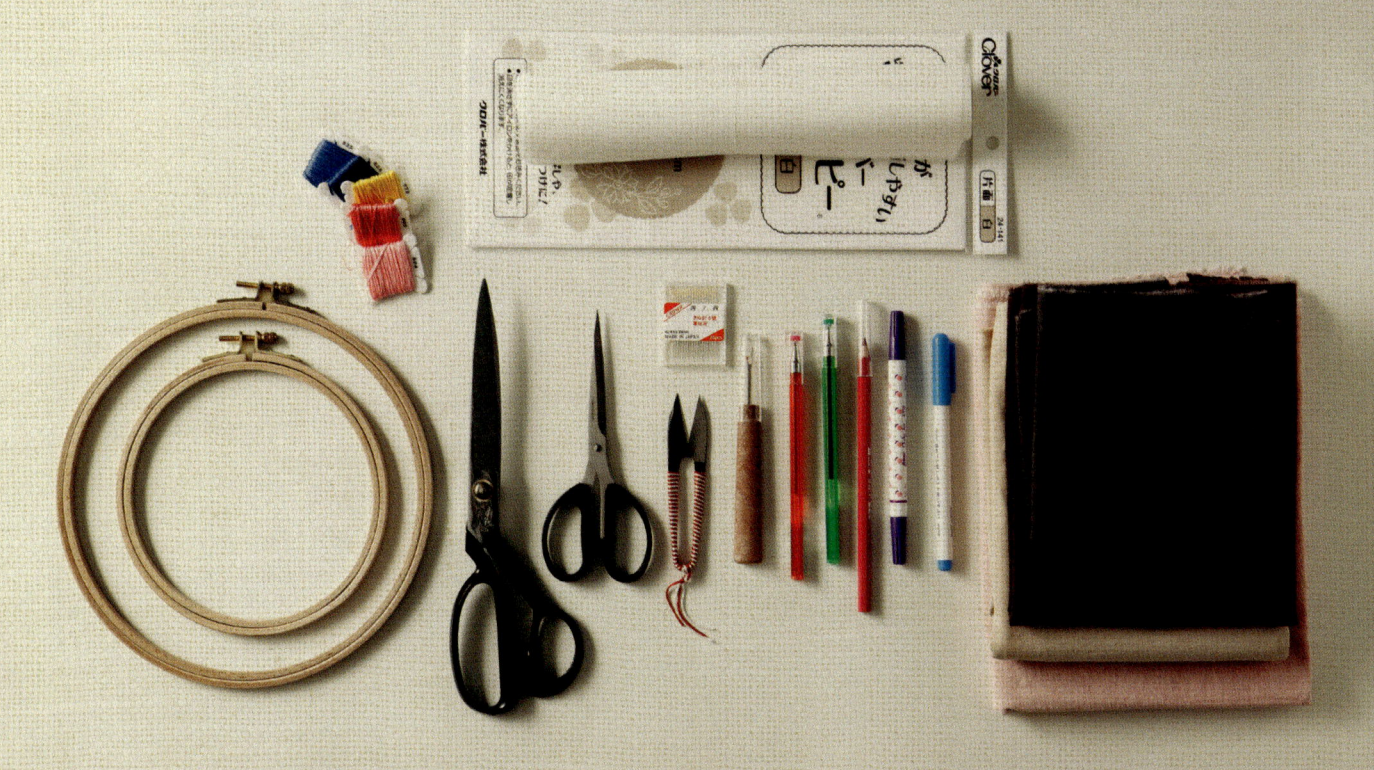

필요한 준비물

바늘
바늘은 호수가 작을수록 가늘고 클수록 굵어집니다. 책 속 자수에 사용한 바늘은 6호 바늘로 규방공예나 비즈공예를 할 때도 사용합니다. 귀가 얇고 가늘어 원단에 바늘구멍이 크게 나지 않아 수놓기 좋습니다.

실
자수실은 면사, 모사, 견사(명주실) 등 종류가 다양하며 브랜드에 따라 발색이나 색상 번호가 다릅니다. 이 책에서 사용하는 자수실은 DMC 25번사로, DMC는 따뜻한 색감과 윤기 있는 질감이 특징입니다.

수틀
수틀의 모양은 원형, 타원형, 사각형 등 다양합니다. 작은 크기에는 원형 수틀을, 큰 크기의 작품에는 사각형 수틀을 사용하면 좋습니다.

트레이싱지
도안을 따라 덧그려 천에 옮길 때 사용하는 투명한 종이입니다. 기름종이 또는 미농지라고도 합니다.

먹지
트레이싱지와 마찬가지로 도안을 옮겨 그릴 때 사용합니다. 수용성 먹지는 물을 뿌려 다리면 그린 도안이 깨끗하게 지워져 수를 완성한 후 손질할 때 편리합니다.

펜
먹지를 대고 도안을 원단에 베낄 때, 도안과 다른 색의 펜을 사용하면 그린 부분과 그리지 않은 부분을 쉽게 구분할 수 있어 좋습니다.

열전사펜
그린 도안을 열전사펜으로 따라 그린 다음 원단과 마주보게 놓고 다림질하면, 도안이 원단에 옮겨집니다. 먹지보다 쉽게 베낄 수 있어 편리하지만 쉽게 지워지지 않으므로 주의해야 합니다. 도안을 옮겨 그릴 때 도안의 좌우가 바뀌지 않도록 합니다.

수성펜 또는 기화펜
수성펜은 물을 뿌리면 지워지고, 기화펜은 일정 시간이 지나면 공기 중에 사라집니다. 수를 놓으며 선을 수정하거나 꽃잎의 결을 표시할 때 사용하면 좋습니다.

쪽 가위
수실을 자를 때 사용합니다.

재단용 가위
원단을 자를 때 사용합니다.

실뜯개
수를 잘못 놓았을 때 사용합니다. 천이 상하지 않고 실을 뜯을 수 있습니다.

원단
DMC 25번사로 수놓기에 적당한 원단으로는 광목, 무명, 리넨 등이 있습니다. 원단은 숫자가 클수록 두께가 얇아집니다. 60수나 80수처럼 얇은 원단은 수놓기 어려우므로 40수 이하의 원단을 사용하세요. 자수를 시작하기 전에 원단을 미리 세탁해서 다림질하면 줄어드는 현상을 방지할 수 있습니다.

이 책에서 사용하는 자수 기법

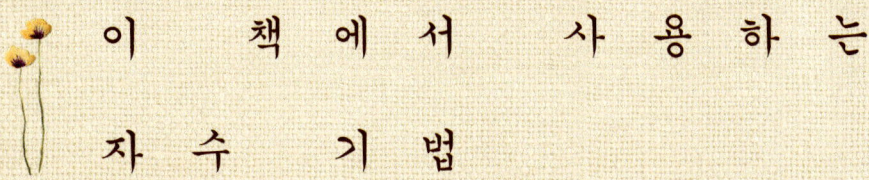

이 책에서는 모두 14가지 기법으로 수를 놓습니다. 생활 자수에서 많이 사용하는 기법들로 잘 익혀두면 예쁘게 수놓을 수 있습니다.
아래 그림에서 홀수에서는 바늘을 빼고 짝수에서는 바늘을 넣습니다.

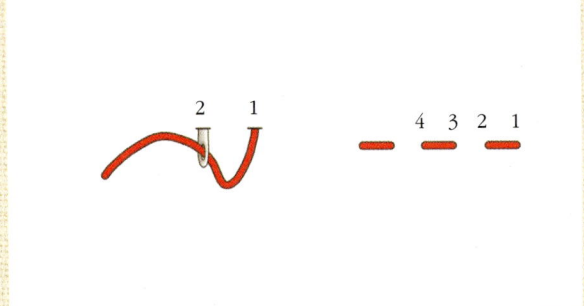

러닝스티치
홈질과 같은 방법으로 한 땀씩 같은 간격으로 표현합니다. 가장자리 마무리, 장식선, 또는 어린줄기에 많이 사용합니다.

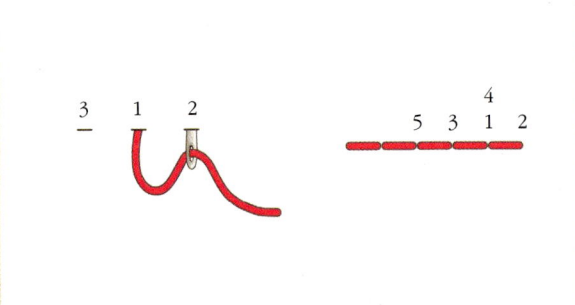

백스티치
박음질과 같은 방법입니다. 왼쪽에서 오른쪽 방향으로 같은 길이의 바늘땀이 빈틈없이 이어집니다. 주로 어린줄기, 잎 등에 사용합니다.

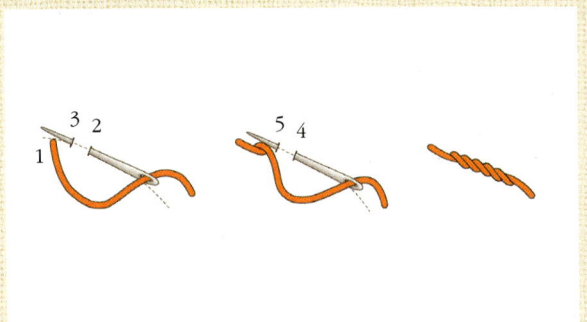

아우트라인스티치
백스티치와 반대로 오른쪽에서 왼쪽 방향으로 수놓습니다. 직선이나 곡선을 표현하고 싶을 때 자주 사용합니다. 이 책에서는 줄기나 잎의 둘레를 표현할 때 또는 잎의 면을 메울 때 쓰였습니다.

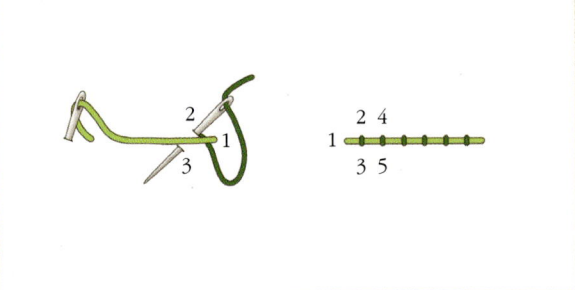

카우칭스티치
심이 되는 실을 다른 실로 고정해가며 수놓는 방법입니다. 고정실은 심지실과 수직이 되도록 합니다. 잎의 둘레나 줄기를 표현할 때 사용합니다.

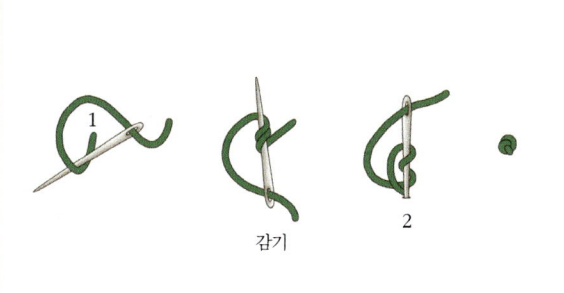

프렌치너트스티치
작은 매듭을 만드는 스티치로 실 가닥 수나 굵기, 실을 감는 횟수에 따라 크기가 달라집니다. 주로 꽃술이나 다 피지 않은 작은 꽃봉오리를 표현할 때 사용합니다.

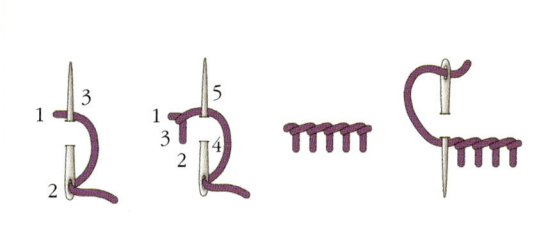

버튼홀스티치
단춧구멍이나 천의 가장자리 감침질에 주로 사용합니다. 꽃잎과 잎의 둘레, 작은 꽃을 표현할 때도 좋습니다.

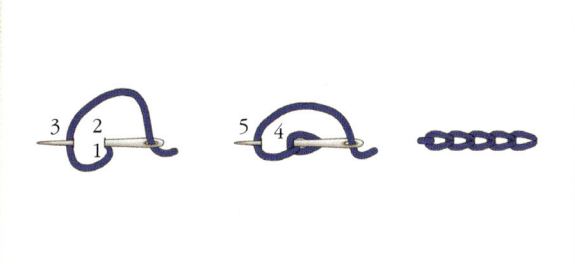

체인스티치
체인처럼 고리가 연속으로 이어지는 스티치입니다. 체인스티치로 면을 메울 때는 먼저 둘레를 수놓은 다음 그 라인을 따라서 안쪽을 수놓아갑니다. 줄기, 큰 잎의 둘레나 넓은 면적을 메울 때에도 좋습니다.

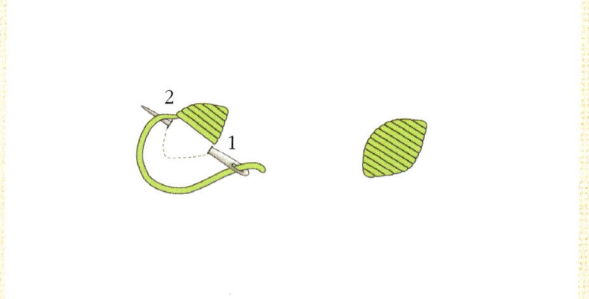

새틴스티치
스트레이트스티치를 가로로 수놓는 방법입니다. 잎이나 꽃잎의 면을 메웁니다. 중심에서 대칭으로 수를 놓아가면 균형을 잡기 쉽습니다. 먼저 위쪽 절반을 수놓은 다음 아래쪽 절반을 수놓습니다.

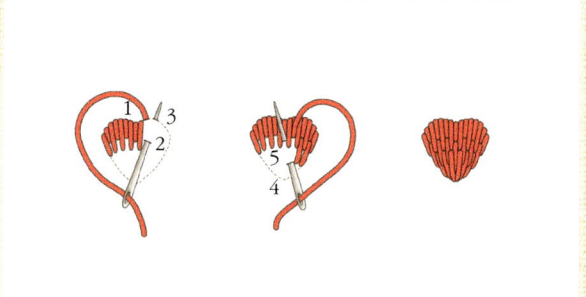

롱앤드쇼트스티치
스트레이트스티치의 길고 짧은 바늘땀을 빈틈없이 늘어놓아 면을 메우는 것이 롱앤드쇼트스티치입니다. 새틴스티치와 마찬가지로 잎이나 꽃잎의 면을 메울 때 사용합니다.

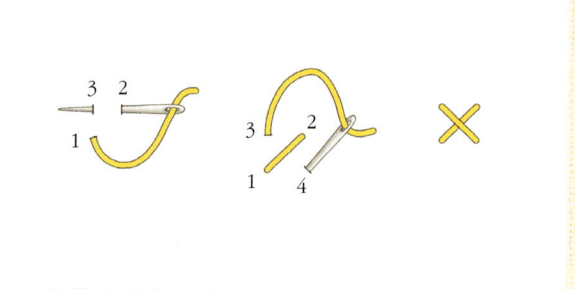

크로스스티치
우리가 흔히 알고 있는 십자수입니다. 잎의 면을 메울 때 사용하며 바늘땀의 길이가 짧을수록 빽빽한 느낌이 듭니다.

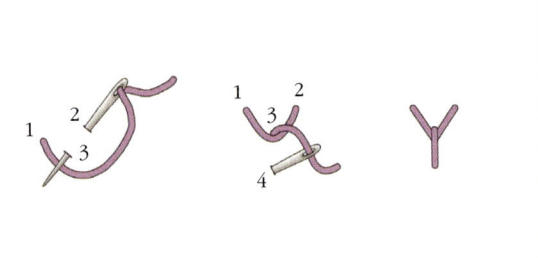

플라이스티치
Y자 모양으로 수놓는 방법입니다. 고정시키는 땀의 길이를 바꾸거나 계속해서 수놓으면 자수 모양이 달라집니다. 주로 가지의 끝 부분이나 눈꽃의 결정체를 표현합니다.

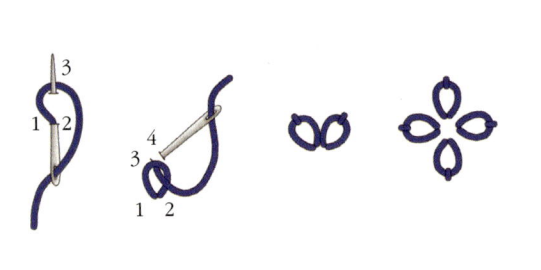

레이지데이지스티치
꽃잎이나 작은 잎을 표현합니다. 둥근 모양의 꽃잎을 표현할 때는 대각선 방향으로 수놓아가면 같은 간격으로 균형 있게 완성할 수 있습니다.

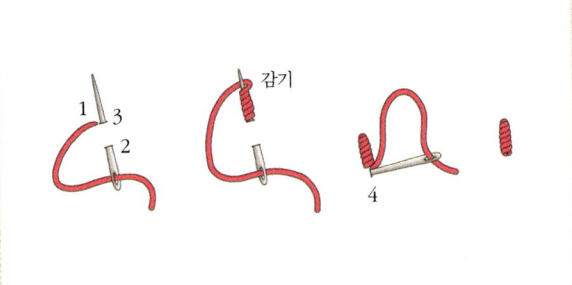

불리온스티치
매듭을 지을 때처럼 바늘에 실을 둘둘 감아 만드는 입체감 있는 방법입니다. 이 책에서는 꽃술머리 부분을 표현할 때 사용합니다.

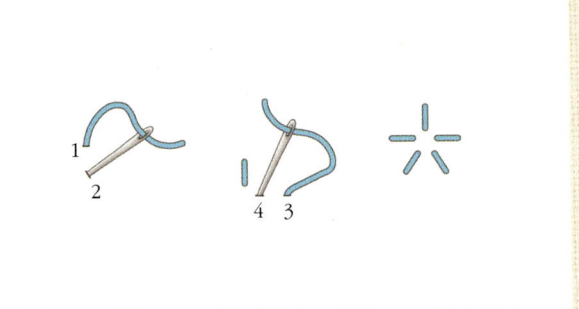

스트레이트스티치
세로로 한 땀씩 수놓는 방식입니다. 꽃잎이나 꽃술 등에 쓰이며 바늘 땀의 길이나 방향에 따라 다양한 모양이 만들어집니다.

도안 보는 법

이 책은 일러스트 도안으로 수놓는 방법을 소개합니다.
도안에서는 아래와 같이 자수 기법을 간략하게 설명하고 있으니 수를 놓을 때 참고해주세요.

- **601(1) 롱앤드쇼트S**: 601번 색실 1가닥으로 롱앤드쇼트스티치를 합니다.
- **3865(2) 스트레이트S 2번**: 3865번 색실 2가닥으로 스트레이트스티치를 두 번 반복합니다.
- **470(1) 아웃라인S 2줄**: 470번 색실 1가닥으로 아웃라인스티치를 한 줄 수놓은 다음, 다시 한 줄을 수놓습니다.
- **white(1) 스트레이트S 2번·571(1) 레이지데이지S**: 흰색 실 1가닥으로 스트레이트스티치를 두 번 반복합니다. 이어서 571번 실 1가닥으로 스트레이트스티치를 감싸듯 레이지데이지스티치를 합니다.

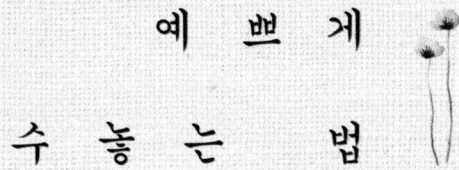

예쁘게 수놓는 법

자수를 예쁘게 놓기 위해서는 여러 번의 연습이 필요합니다. 하지만 아주 간단한 기초 노하우로 보다 예쁘게 수놓을 수 있습니다.

❶ __ 수틀을 원단에 끼울 때 원단의 올 방향이 틀어지지 않게 잘 맞추고 팽팽하게 당겨줍니다. 그렇지 않으면 수를 완성했을 때 수가 틀어지거나 원단이 울 수 있습니다.

❷ __ 수놓는 순서는 대체로 줄기 → 잎 → 꽃받침 → 꽃 → 꽃술입니다. 수가 겹쳐질 경우에는 반드시 뒤쪽에 있는 그림을 먼저 수놓아야 합니다.

❸ __ 잎이나 꽃잎의 채워야 할 면이 넓을 때는 수성펜으로 결을 그려가면서 자연스럽게 표현 하는 것이 중요합니다. 면은 바깥쪽에서 안쪽으로 채워나갑니다.

❹ __ 줄기나 잎의 미묘한 색상 변화(그러데이션)를 표현할 때는 색마다 길이를 다르게 해야 자연스럽게 표현할 수 있습니다.

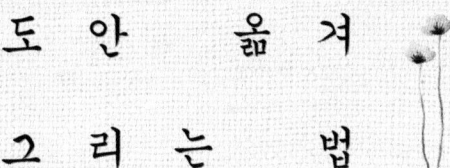

도안 옮겨 그리는 법

수놓고 싶은 대상과 재료가 갖추어지면, 그 다음은 도안 작업입니다.
수놓고 싶은 대상을 직접 밑그림 그리거나 가지고 있는 도안을 옮겨 그려주세요. 도안을 옮겨 그리는 방법을 소개합니다.

트레이싱지를 사용할 경우
도안 위에 트레이싱지를 놓고 연필이나 펜을 사용해 도안을 따라 그립니다. 이때, 축소된 도안은 먼저 원하는 사이즈로 확대 복사해서 씁니다.

먹지를 사용할 경우
도안 밑에 먹지를 놓고, 그 아래 수놓을 원단을 놓습니다. 색깔펜으로 힘을 주면서 도안을 따라 그립니다.

열전사펜을 사용할 경우
먼저, 도안을 트레이싱지에 옮겨 그립니다. 옮겨 그린 트레이싱지를 뒤집어 열전사펜으로 따라 그린 다음, 열전사펜으로 그린 부분을 원단과 맞대고 다림질합니다.

2부

자수를
시작해 볼까요?

간단한 기초 자수

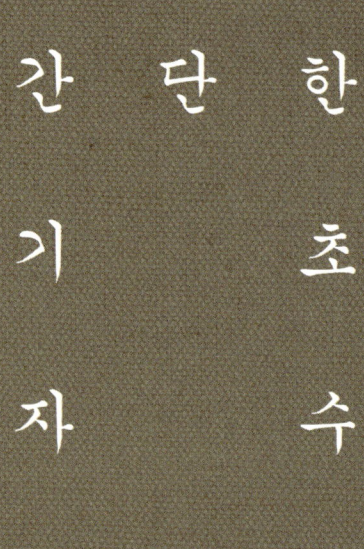

본격적으로 사계절 꽃 자수를 시작하기에 앞서
10가지 자수를 통해 자수 기법과 도안 보는 법을 익힙니다.
꾸준히 연습하다 보면 기초가 탄탄해지고,
실력도 빠르게 향상됩니다.
차근차근 천천히 시작해보세요.

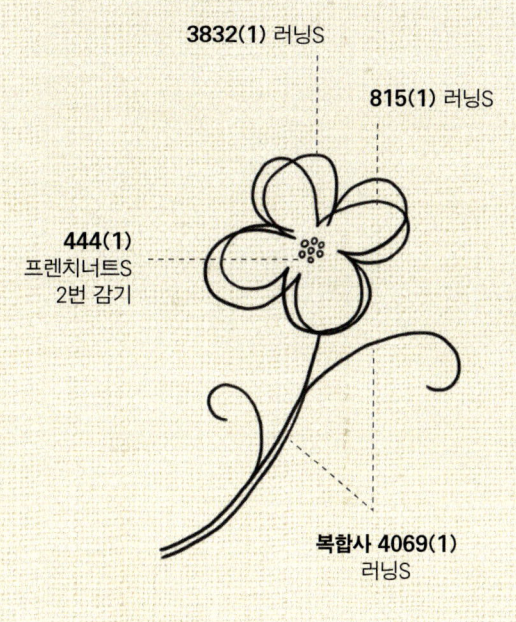

3832(1) 러닝S
815(1) 러닝S
444(1) 프렌치너트S 2번 감기
복합사 **4069**(1) 러닝S

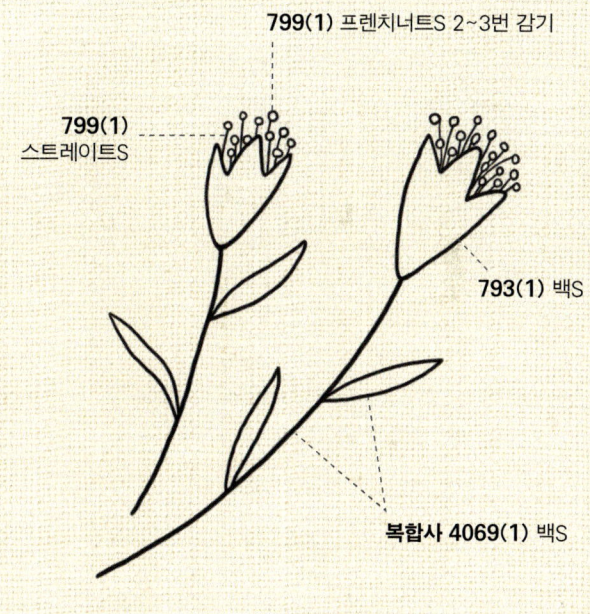

799(1) 프렌치너트S 2~3번 감기
799(1) 스트레이트S
793(1) 백S
복합사 **4069**(1) 백S

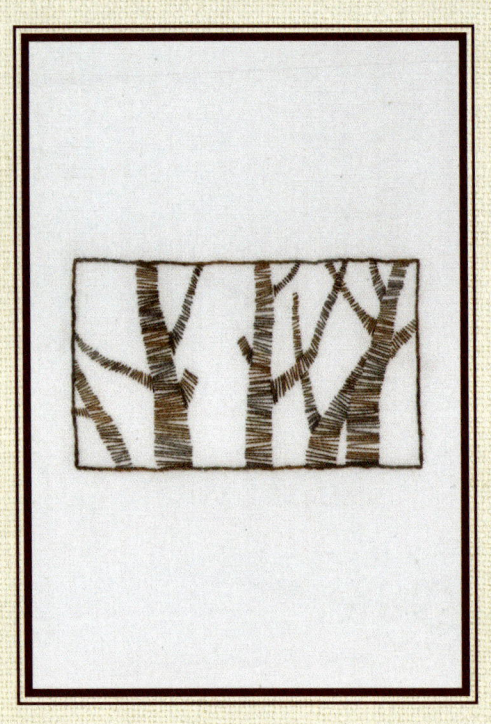

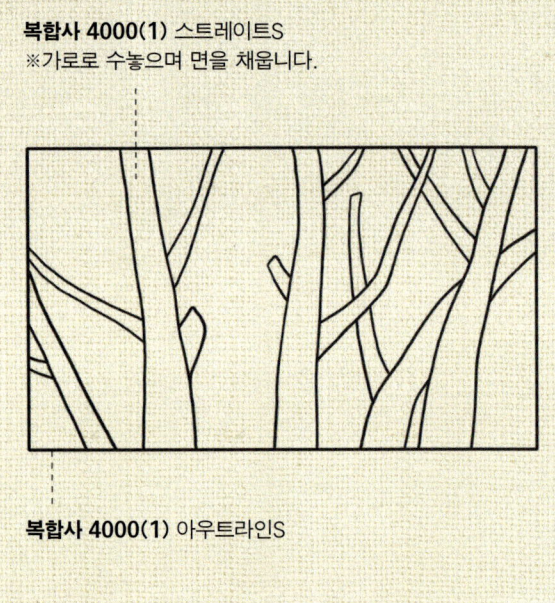

복합사 4000(1) 스트레이트S
※가로로 수놓으며 면을 채웁니다.

복합사 4000(1) 아웃라인S

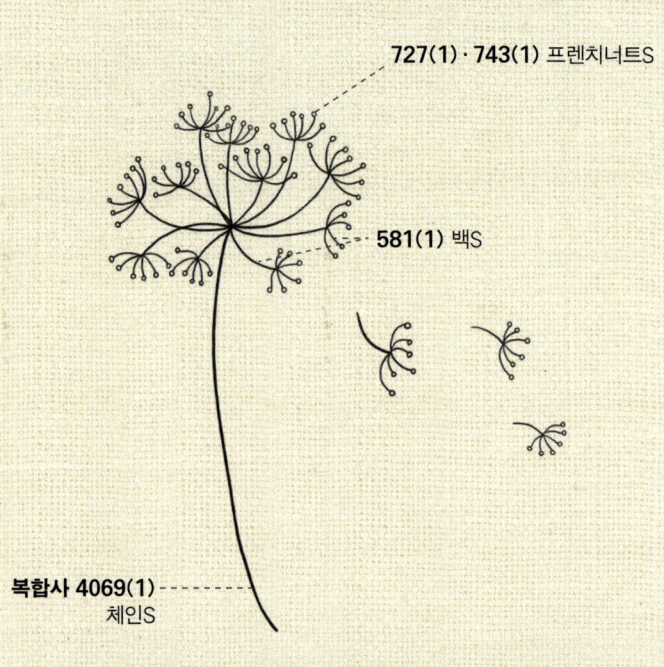

727(1)·743(1) 프렌치너트S

581(1) 백S

복합사 4069(1)
체인S

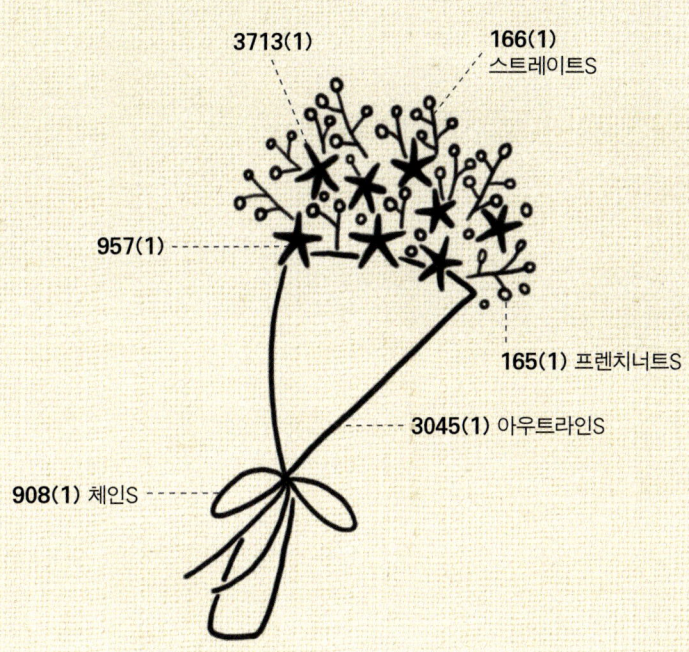

3713(1)
166(1) 스트레이트S
957(1)
165(1) 프렌치너트S
3045(1) 아우트라인S
908(1) 체인S

※ 꽃잎은 스트레이트S 2번·레이지데이지S를 합니다.

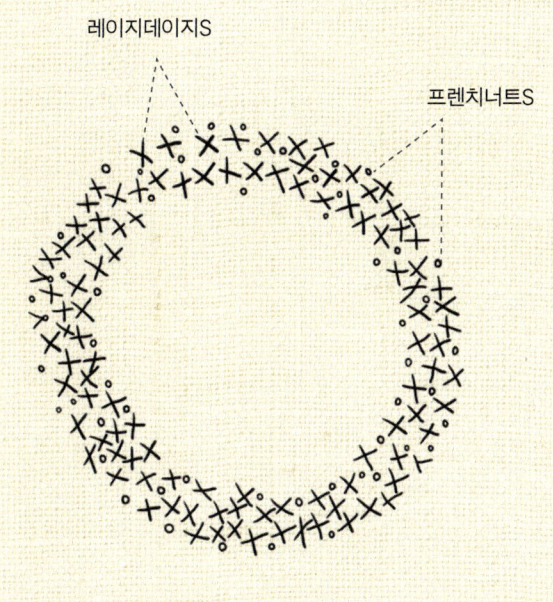

레이지데이지S
프렌치너트S

※ 실은 353(1)·362(1)·3341(1)·3824(1)를 사용합니다.
원하는 대로 실 색을 번갈아가며 수놓습니다.

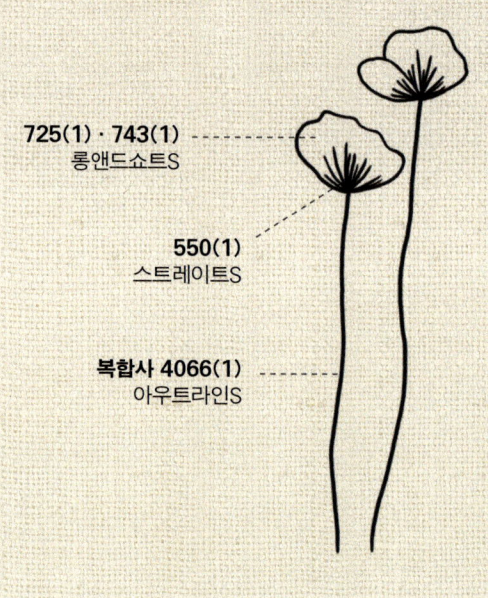

725(1)·743(1)
롱앤드쇼트S

550(1)
스트레이트S

복합사 4066(1)
아우트라인S

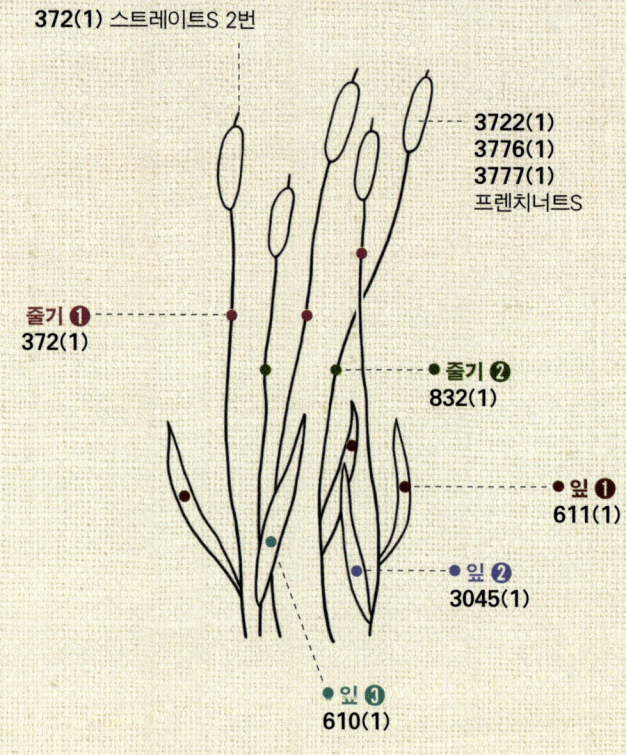

372(1) 스트레이트S 2번

3722(1)
3776(1)
3777(1)
프렌치너트S

● 줄기 ❶
372(1)

● 줄기 ❷
832(1)

● 잎 ❶
611(1)

● 잎 ❷
3045(1)

● 잎 ❸
610(1)

※ 줄기와 잎은 아우트라인S를 합니다.

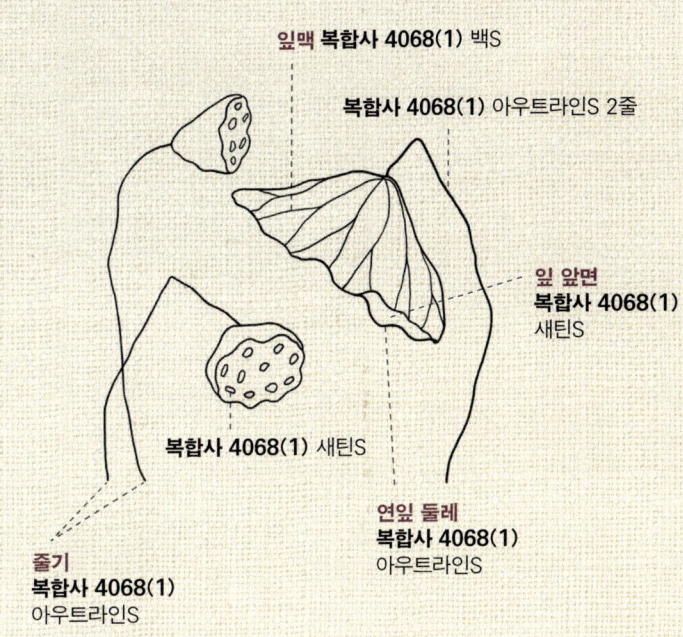

잎맥 **복합사 4068(1)** 백S

복합사 4068(1) 아우트라인S 2줄

잎 앞면
복합사 4068(1) 새틴S

복합사 4068(1) 새틴S

연잎 둘레
복합사 4068(1) 아우트라인S

줄기
복합사 4068(1) 아우트라인S

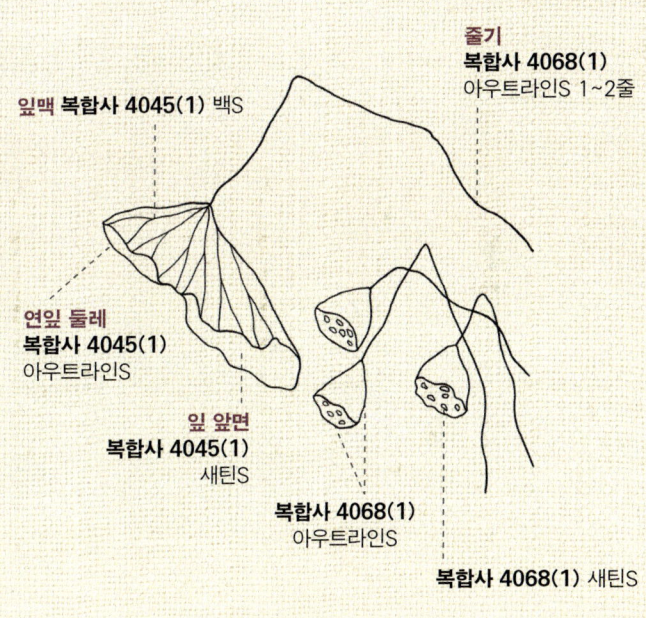

잎맥 **복합사 4045(1)** 백S

줄기
복합사 4068(1) 아우트라인S 1~2줄

연잎 둘레
복합사 4045(1) 아우트라인S

잎 앞면
복합사 4045(1) 새틴S

복합사 4068(1) 아우트라인S

복합사 4068(1) 새틴S

작은 꽃 핀쿠션

자수실   **726, 3865**
자수법   **레이지데이지스티치, 프렌치너트스티치**

수놓는 방법
1____ 작은 꽃 핀쿠션은 중심에서 바깥쪽으로 수놓아갑니다. 먼저, 꽃잎이 네 장으로 이루어진 큰 꽃을 수놓고 빈 공간을 꽃술과 꽃잎을 수놓아 채웁니다.
2____ 꽃잎은 위 → 아래 → 왼쪽 → 오른쪽 순으로 레이지데이지스티치를 합니다. 먼저, 중심에서 바늘을 빼서 그 자리에 다시 바늘을 넣고, 꽃잎의 길이만큼 간격을 두고 바늘 끝을 빼냅니다. 바늘 밑으로 실을 건 다음, 바늘을 완전히 빼내 실을 당기면 고리가 만들어집니다. 고리 끝에 바늘을 넣어 고정시키면 꽃잎 한 장이 완성됩니다.
3____ 읽은 마음에 드는 녹색 실을 골라 레이지데이지스티치를 합니다.

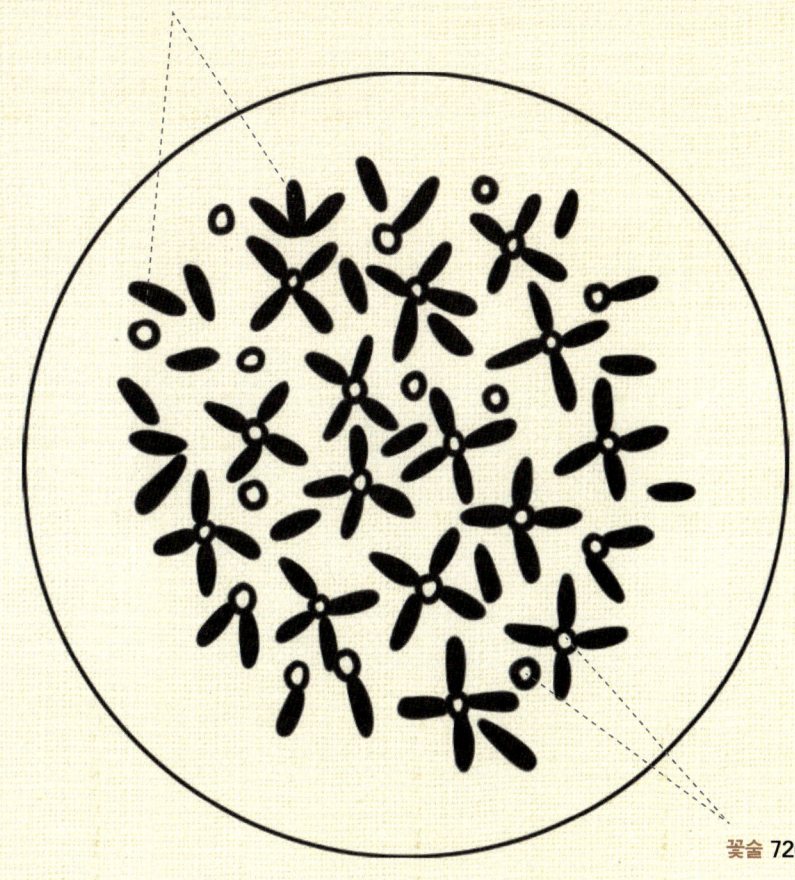

청보리

자수실 470, 503, 561~564, 581, 702, 834, 959, 3348, 3815~6, 3850~1
자수법 스트레이트스티치, 레이지데이지스티치, 백스티치, 아우트라인스티치, 롱앤드쇼트스티치
수놓는 순서 줄기 → 잎 → 보리알 → 보리수염

수놓는 방법

1____ 줄기는 아우트라인스티치 기법만을 사용합니다. 줄기를 굵게 수놓고 싶을 때는 도안의 선을 걸치듯이 바늘을 넣고 빼내 바늘땀을 비스듬히 늘어놓으세요. 줄기는 번호 순으로(❶→❷), 27쪽 줄기별 실 번호를 참고해 수놓습니다. 잎은 줄기 쪽에서 시작해 잎의 끝 쪽으로 롱앤드쇼트스티치합니다.

2____ 보리알은 스트레이트스티치를 같은 길이로 두 번 한 다음, 레이지데이지스티치로 그 주위를 감싸듯이 수놓습니다.

3____ 수염은 모두 백스티치입니다. 수염이 바람에 흔들리는 모습을 연상하며 완만한 곡선 모양을 만듭니다. 한 땀을 되돌아갔다가 두 땀 앞에서 빼내기를 반복해 빈틈없이 수놓습니다.

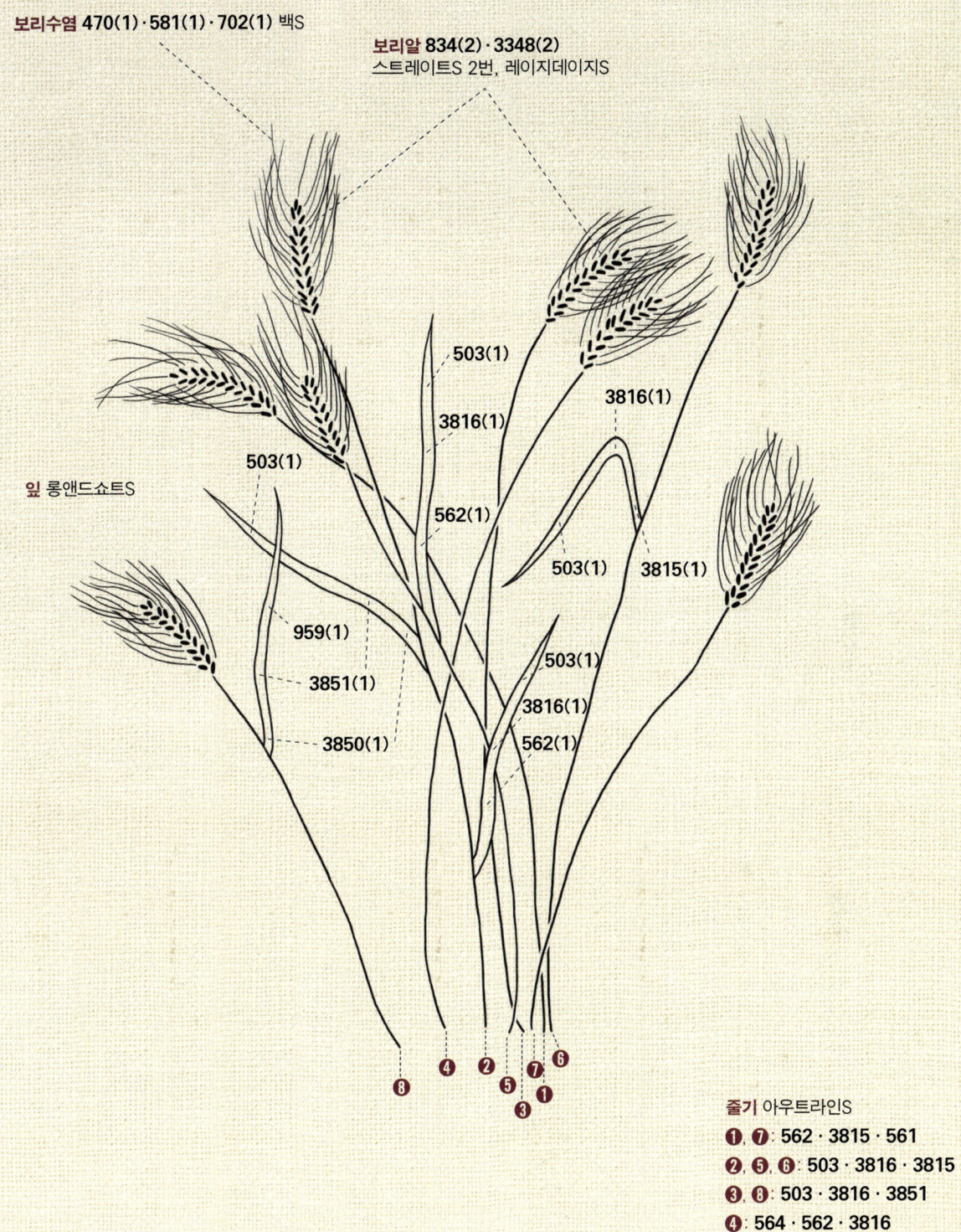

밤하늘 안경집

자수실　744, 799, 3838~3840
자수법　롱앤드쇼트스티치, 프렌치너트스티치, 스트레이트스티치, 레이지데이지스티치, 아우트라인스티치, 새틴스티치

수놓는 방법

1____　별자리는 시작점에서 바늘을 빼내 바늘에 실을 1~2번 감아 프렌치너트스티치를 합니다. 그다음 같은 자리에 바늘을 빼내 원하는 위치에 바늘을 넣습니다(스트레이트스티치). 이 과정을 반복해 세로로 수놓아갑니다.
2____　달은 첫 번째 땀은 길게, 두 번째 땀은 짧게 스트레이트스티치를 합니다. 길고 짧은 땀을 번갈아 수놓으며 한 단을 수놓습니다. 두 번째 단부터는 바늘땀의 길이를 일정하게 유지해 빈틈없이 면을 메웁니다(롱앤드쇼트스티치).
3____　꽃은 꽃잎의 수만큼 레이지데이지스티치를 합니다. 비슷한 색상의 두 가지 실을 번갈아 사용하면 조금 더 예쁘게 수놓을 수 있습니다.
4____　새는 머리, 목, 몸통 세 부분으로 나누어 수를 놓습니다. 스트레이트스티치를 각도에 따라 평행하게 늘어놓으며 면을 메웁니다. 이때, 도안 끝에서 끝까지 한 번에 수를 놓습니다.

밤하늘 북 커버

자수실　744, 793, 799, 3838~3840
자수법　롱앤드쇼트스티치, 프렌치너트스티치, 스트레이트스티치,
　　　　　레이지데이지스티치, 아우트라인스티치, 새틴스티치, 러닝스티치, 카우칭스티치

수놓는 방법

1____　별자리, 달, 꽃, 새는 밤하늘 안경집을 수놓는 방법과 같습니다.
2____　유성은 심지실을 시작점에서 바늘을 빼내 도안을 따라 러닝스티치하고
스트레이트스티치로 고정해나갑니다(카우칭스티치). 끝 부분은 3번 감아 프렌치너트스티치를 합니다.
3____　밤하늘 안경집과 북 커버는 하단의 꽃, 풀, 새 등을 수놓고 상단의 밤하늘을 수놓습니다.
먼저, 달을 수놓아서 중심을 잡은 다음, 원하는 위치에 별과 별자리를
채우면 더욱 쉽게 작품을 완성할 수 있습니다.

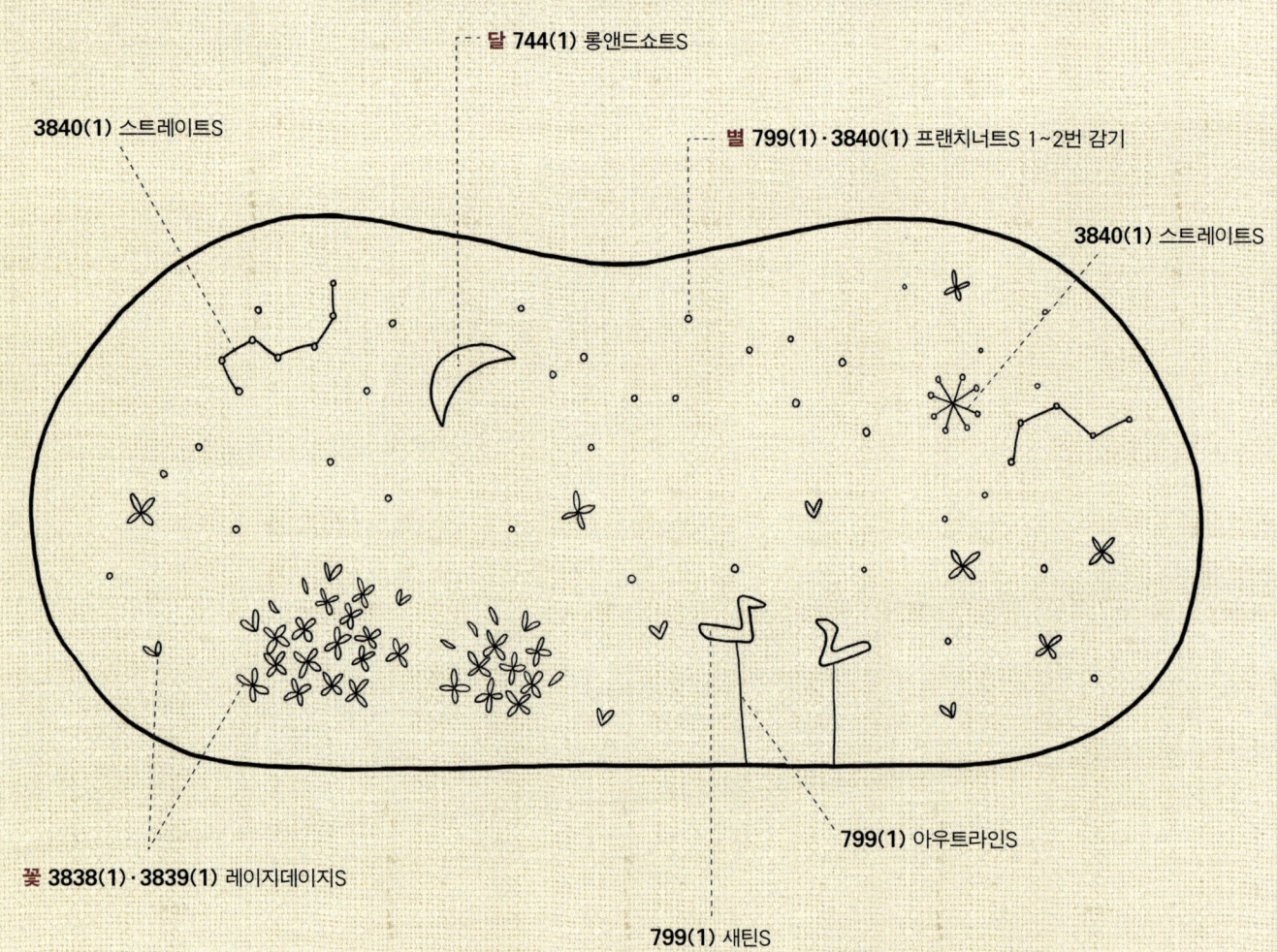

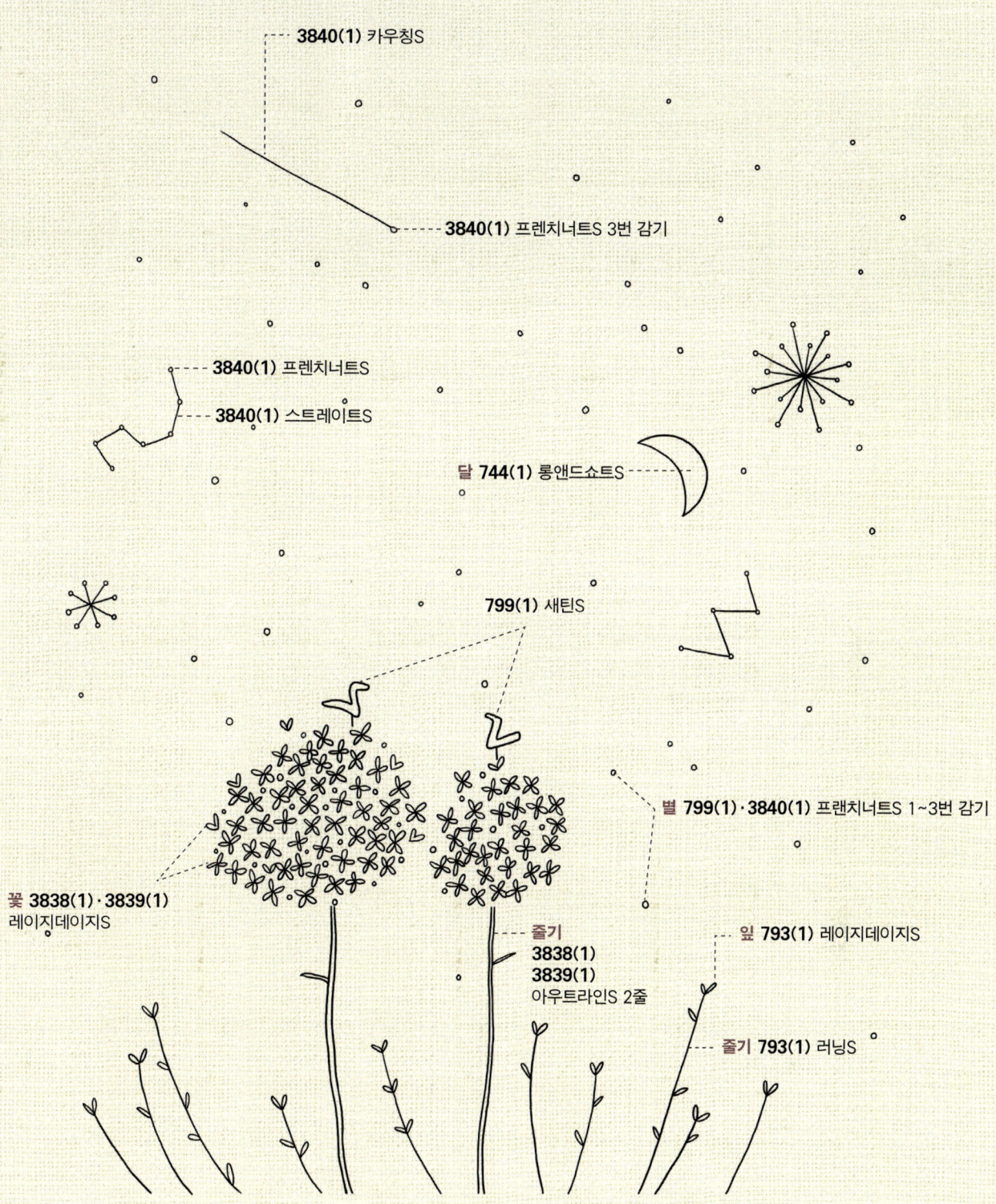

※ 꽃과 별, 줄기는 두 가지 색을 번갈아가며 수놓습니다.

눈꽃나무

자수실 159, 452~3, 762, 3747, 3753, 3756
자수법 아우트라인스티치, 스트레이트스티치, 플라이스티치, 레이지데이지스티치, 프렌치너트스티치
수놓는 순서 나무 → 눈 결정체 → 눈송이

수놓는 방법

1. 나무 아우트라인스티치 기법만으로 수놓습니다. 번호 순으로(❶ → ❾) 수를 놓되, 하단으로 갈수록 세 부분으로 나누어 실 가닥을 하나씩 늘립니다. 바탕천의 색에 따라 실 색도 다르게 해 눈을 맞은 나무의 느낌을 표현해보세요.

2. 눈 결정체 정육각형 모양의 물체를 천 위에 올리고 꼭지점과 중심을 표시한 다음, 눈 결정체 중심과 각 꼭지점에 프렌치너트스티치를 합니다. 스트레이트스티치로 꼭지점을 이으면 정육각형 모양으로 대칭을 이룹니다. 바늘땀의 길이와 위치를 맞추면 눈 결정체를 예쁘게 수놓을 수 있습니다.

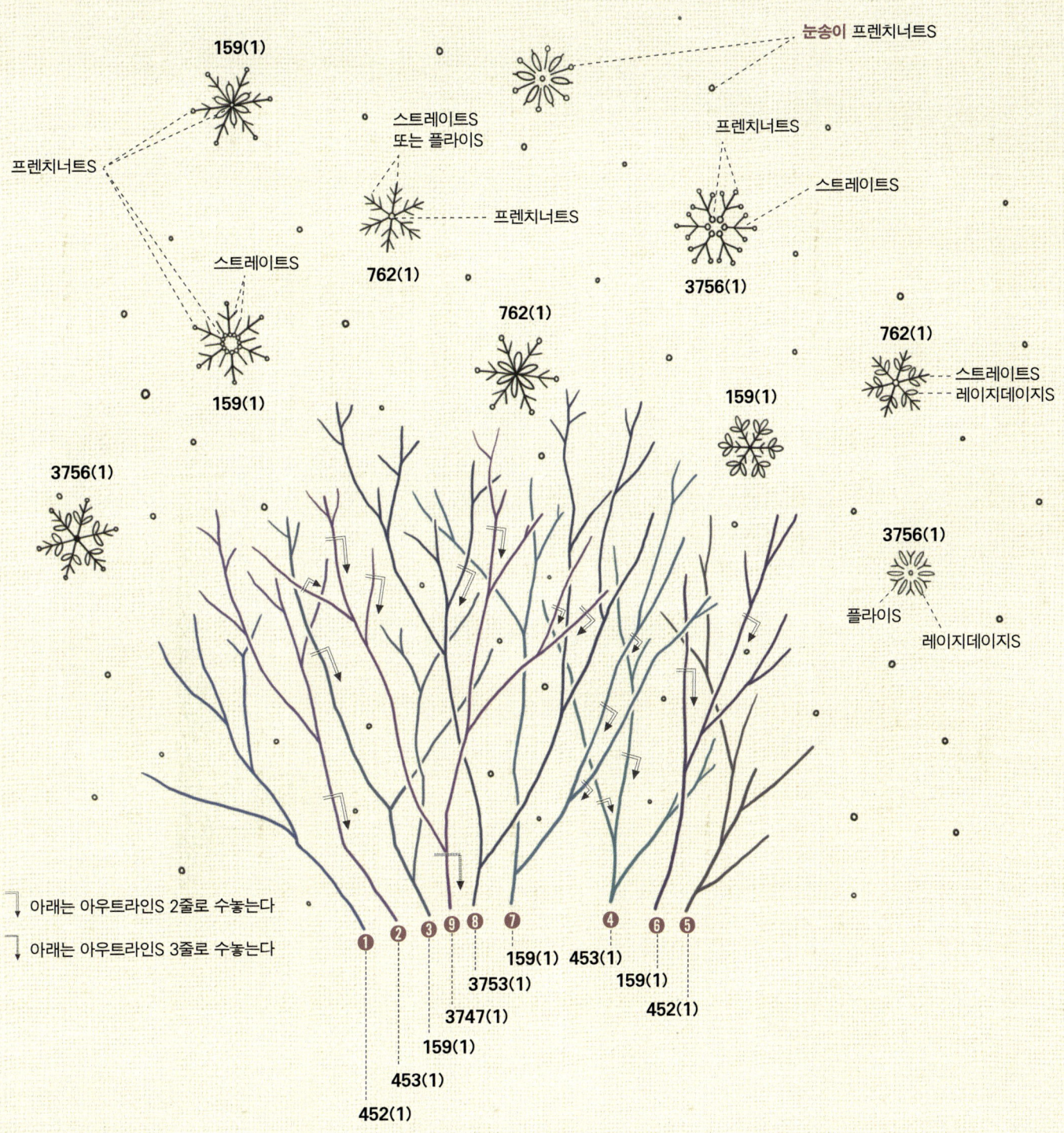

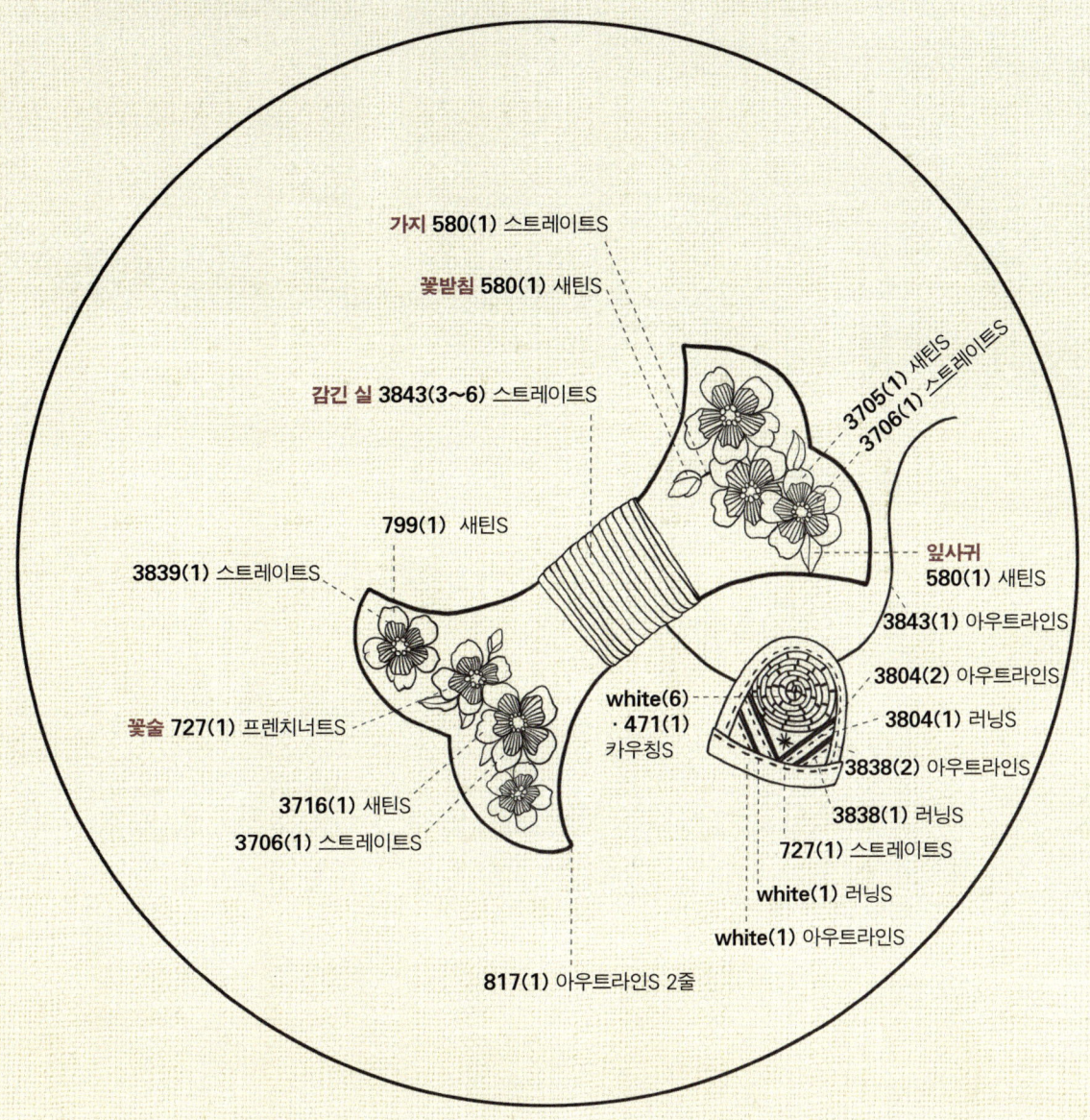

전통 실패와 경상도 골무

자수실 580, 727, 799, 817, 3705~6, 3716, 3804, 3838~9, 3843, white
자수법 새틴스티치, 스트레이트스티치, 아우트라인스티치, 러닝스티치, 프렌치너트스티치, 카우칭스티치
수놓는 순서 실패에 풀린 실 → 골무 안쪽 → 골무 가장자리 → 실패 둘레 → 잎 → 줄기 → 꽃 → 실패에 감긴 실

수놓는 방법

1____ 실패에 풀린 실은 도안의 선을 따라 아우트라인스티치를 합니다. 바늘땀의 간격을 촘촘하게 수놓으면 삐뚤빼뚤하지 않고 매끈한 곡선을 만들 수 있습니다.

2____ 골무는 흰색 실을 중심부터 돌려가며 백스티치합니다. 이어서 471번 실을 사용해 스트레이트스티치 요령으로 흰색 실을 고정해 나갑니다. 카우칭스티치는 심지실과 고정실 모두 안쪽의 바늘땀에 3~4번 통과시킨 후 잘라서 마무리합니다.

3____ 꽃잎에 스트레이트스티치를 듬성듬성 놓고, 꽃잎 끝 부분을 새틴스티치를 짧게 수놓아 메우면서 꽃 모양을 다듬습니다.

3부

춘천,
사계절 꽃 자수

SPRING

봄

SPRING

냉이꽃

봄이 오면,

바구니에 한가득 냉이를 캐다가

그 향기를 집 안에 풀어 봄을 맞습니다.

조그려 앉아 냉이를 캐고 있노라면

조그맣고 하얀 꽃들이

한들한들 살랑거리며 미소를 보냅니다.

사람들 손에

내어줄 만큼 다 내어주고도

옮기는 발걸음 따라오며

하얗게 웃어주는 냉이꽃들이 있어

이 봄, 참으로 행복합니다.

자수실　　370, 733~4, 3053, 3364, 3865
자수법　　스트레이트스티치, 프렌치너트스티치, 새틴스티치, 아우트라인스티치
수놓는 순서　줄기 → 꽃잎 → 꽃받침 → 꽃술 → 씨앗

수놓는 방법

1____　줄기와 가지는 아우트라인스티치를 합니다. 순서대로 줄기와 가지를 수놓고 끝에 달린 꽃과 수술을 수놓습니다.
2____　꽃잎 한 장당 스트레이트스티치를 두 번 하고, 도안의 개수에 맞춰 꽃을 완성합니다.
3____　수술은 꽃잎과 꽃잎 사이에 수놓습니다. 꽃잎이 두 장일 경우 프렌치너트스티치를 한 번, 세 장일 경우 프렌치너트스티치를 두 번 합니다. 활짝 핀 꽃의 경우 중심에 한 번 수놓습니다.

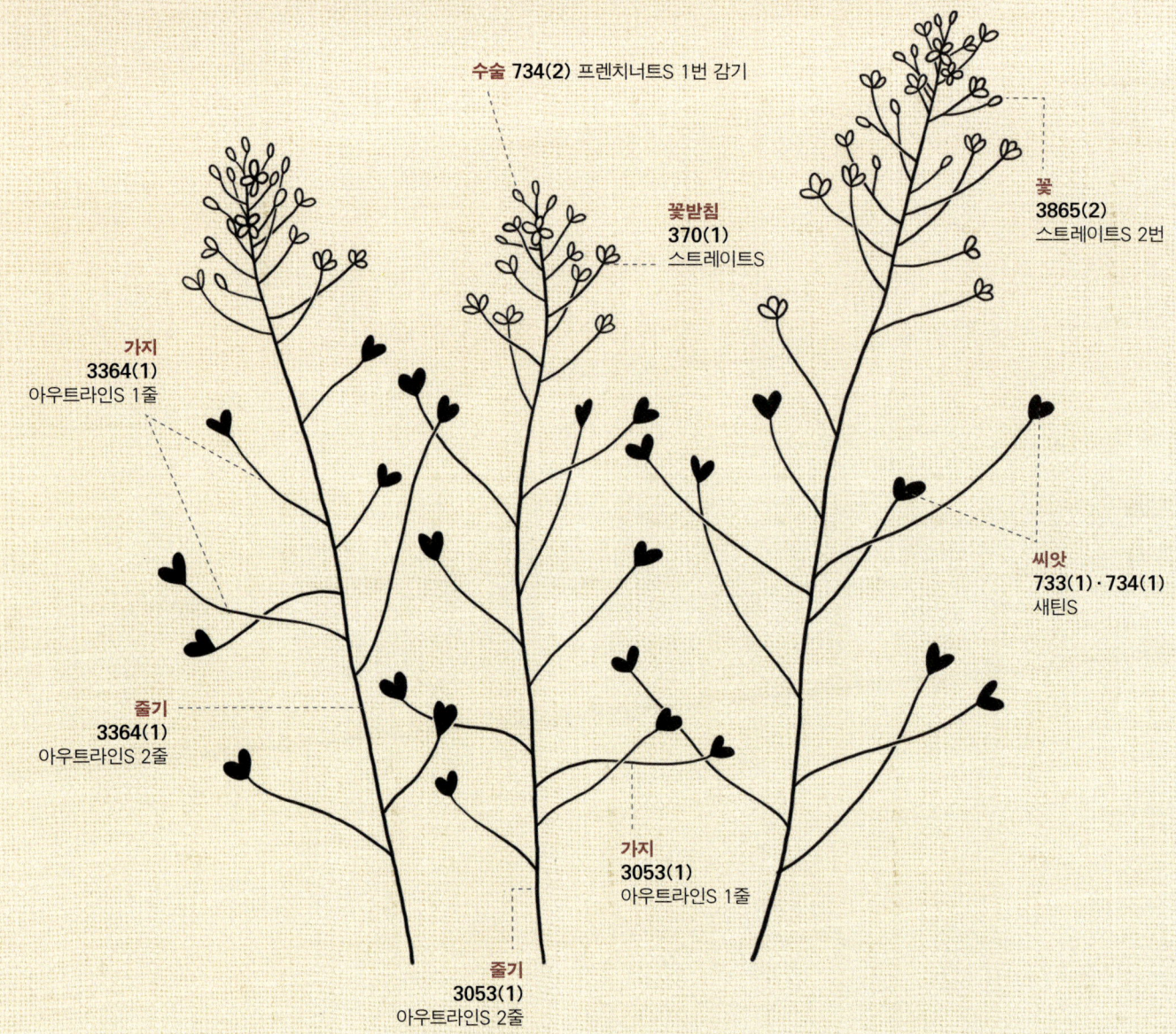

쿠션

SPRING

붉은 찔레꽃

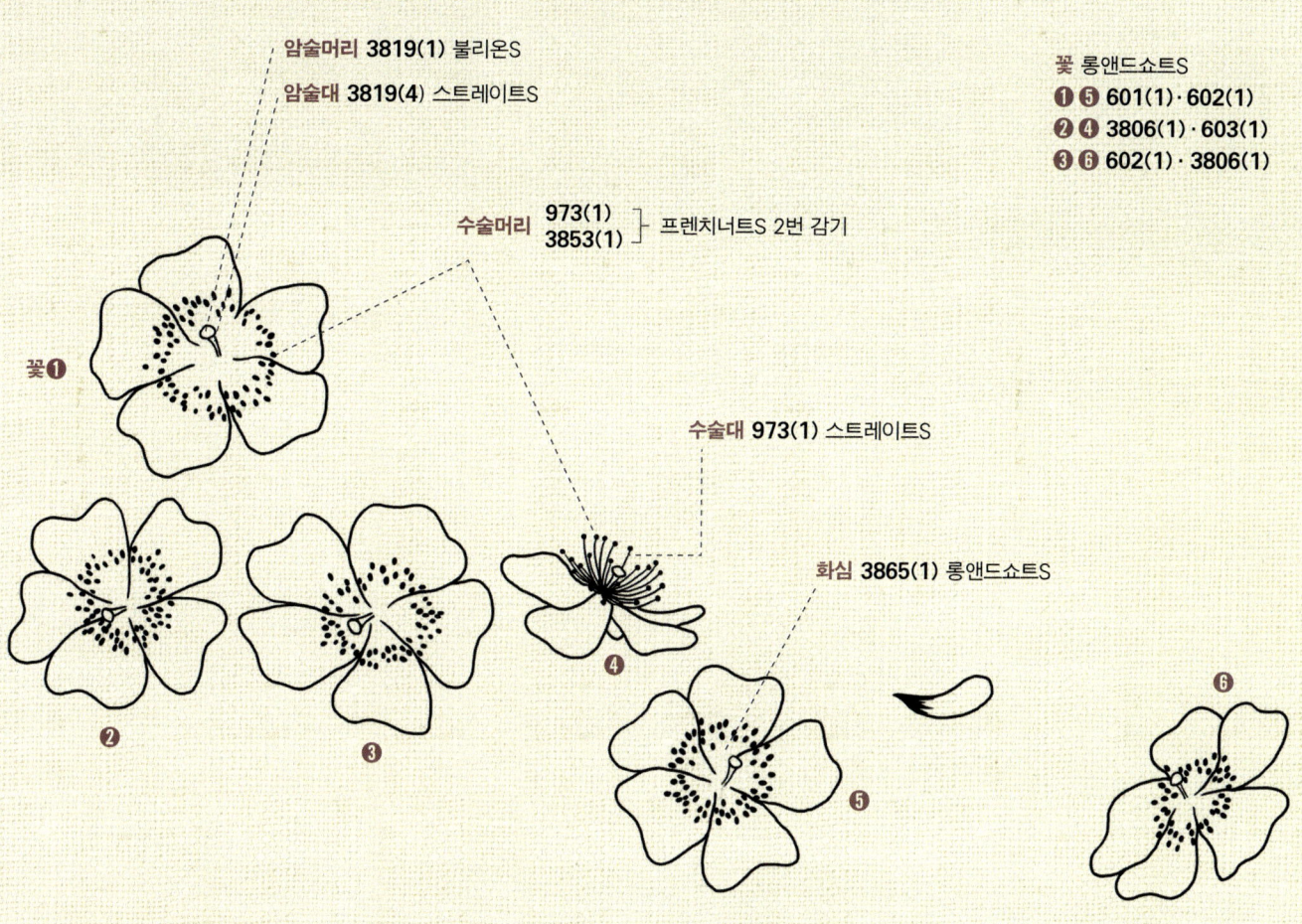

자수실 601~3, 973, 3806, 3819, 3853, 3865
자수법 불리온스티치, 스트레이트스티치, 프렌치너트스티치, 롱앤드쇼트스티치
수놓는 순서 꽃잎 → 수술대 → 수술머리 → 암술대 → 암술머리

수놓는 방법

1---- 꽃잎의 결 방향을 잘 살려서 수놓는 것이 중요합니다. 기화펜으로 꽃잎 결을 살짝 그려두고 수를 놓습니다. 꽃술은 프렌치너트스티치를 할 때 실을 바싹 당기지 않고 살짝 앉히듯 표현해야 입체감이 살아납니다.

2---- 암술머리는 불리온스티치로 입체감 있게 표현합니다. 바늘에 실을 똑같은 강도로 빈틈없이 둘둘 감고, 감은 실을 천과 함께 손가락으로 누르면서 바늘을 빼냅니다. 실을 잡아당겨 모양을 정리합니다. 긴 바늘을 이용하면 깔끔하게 완성할 수 있습니다.

시계

S P R I N G

나도개감채

자수실   702, 704, 743, 3848, 3854, 3865
자수법   스트레이트스티치, 롱앤드쇼트스티치, 아우트라인스티치
수놓는 순서   줄기 → 잎 → 꽃잎 → 꽃술

수놓는 방법
1____ 줄기는 굵기에 맞춰 아래는 2~3줄을 수놓고, 위로 갈수록 줄여 나갑니다.
2____ 나도개감채이 꽃은 흰색 바탕에 녹색 줄무늬가 특징입니다. 먼저, 꽃잎 전체를 수놓고 도안을 따라 줄무늬를 수놓으면 특징을 잘 살릴 수 있습니다.

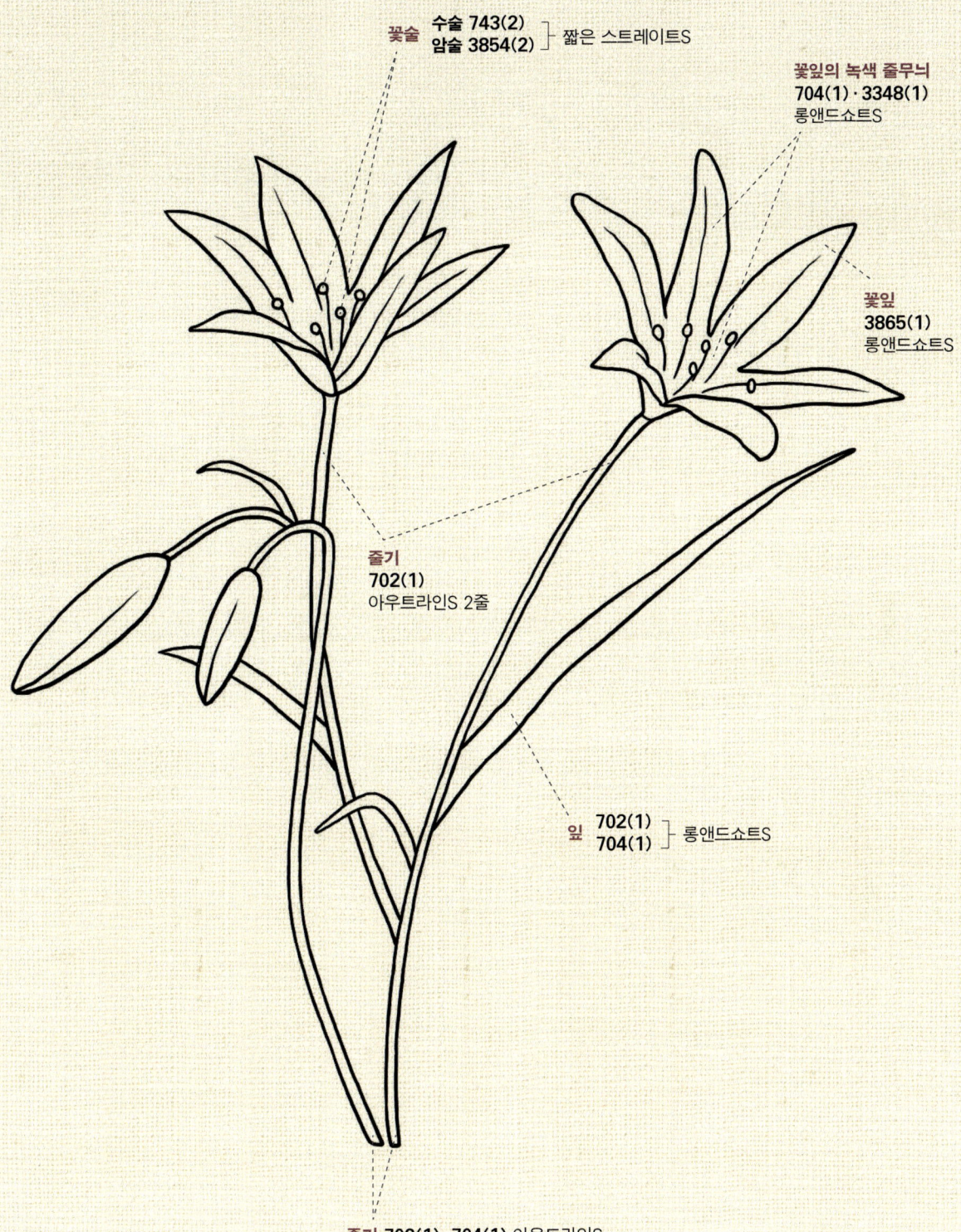

SPRING

꽃마리

꽃말이, 잣냉이라고도 하는 꽃마리는

이름처럼 꽃대 잎 부분이 살짝 말려 있습니다.

어린순을 꺾어 손으로 비비면

오이처럼 상큼한 냄새가 납니다.

낮은 발밑에서 웃고 있는

하늘하늘 손톱만한 작은 꽃들과

눈이라도 마주치면

발길을 돌리기가 쉽지 않습니다.

들길과 숲길 사이사이에서

사랑스럽게 도란거리는 꽃마리는

잎과 줄기를 생략하고

동그란 리스로 표현했습니다.

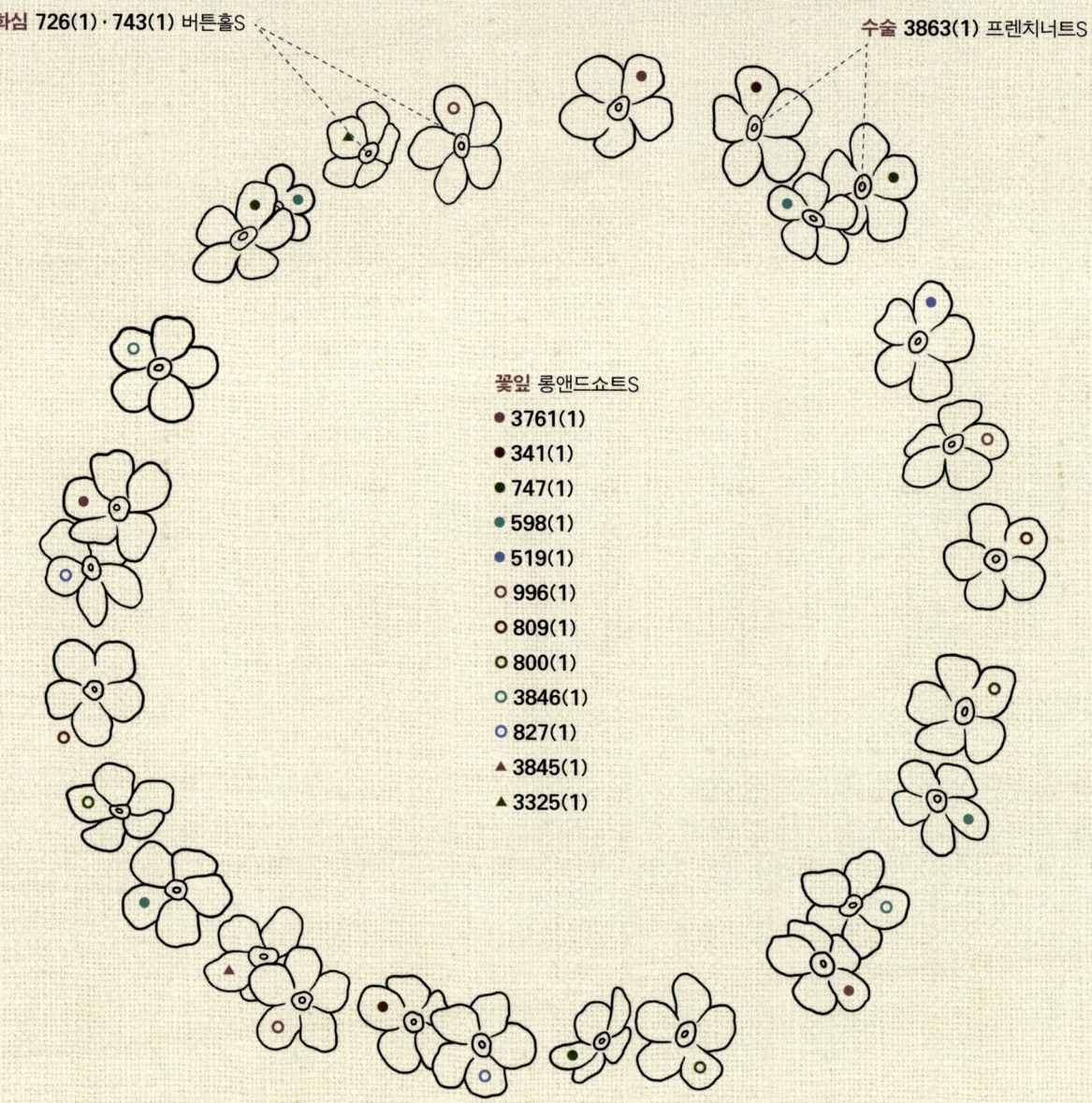

자수실	341, 519, 598, 726, 743, 747, 800, 809, 827, 996, 3325, 3761, 3845~6, 3863
자수법	롱앤드쇼트스티치, 버튼홀스티치, 프렌치너트스티치
수놓는 순서	꽃 → 화심 → 꽃술

수놓는 방법

1____ 꽃마리의 꽃잎은 바깥쪽을 촘촘하게, 중심 쪽은 틈이 보일 만큼 성글게 수놓아주세요.

2____ 프렌치너트스티치로 수술을 수놓고, 그 중심에 버튼홀스티치로 원을 그리며 화심을 표현합니다. 원을 그릴 때는 버튼홀스티치의 T자 윗부분이 동그랗게 이어집니다. 이때, 안쪽의 바늘땀 간격은 좁게, 바깥쪽의 간격은 넓게 해야 곡선 부분을 잘 표현할 수 있습니다.

가리개

SPRING

벚꽃

춘천의 겨울은 깁니다.

첫눈이 녹기도 전에 또다시 눈이 쌓이고, 봄은 더디 옵니다.

뻐꾸기 소리가 들릴 즈음

물이 오른 나무에 싱그러운 연초록빛 잎사귀들이 반짝거리고

산벚나무들이 하얀 꽃을 피워냅니다.

화려하던 아랫녘 꽃 잔치가 끝을 맺을 때 춘천의 꽃놀이는 시작됩니다.

뻐꾸기 소리에 호미질하던 손을 멈추고 고개 들어 앞산을 바라보면

나무 사이사이로 만개한 벚꽃 풍경에 가슴이 벅차오릅니다.

겨울의 끝자락에서, 다시금 벚꽃의 만개를 기다리며

물안골 농막에 이제 막 피기 시작한 벚꽃을 수틀에 옮겼습니다.

러너

자수실　163, 355, 469, 471, 561, 761, 818, 839~40, 938, 3013, 3371, 3712
자수법　스트레이트스티치, 아우트라인스티치, 플라이스티치, 새틴스티치
수놓는 순서　나뭇가지 → 꽃잎 → 꽃받침 → 잎

수놓는 방법

1　나뭇가지는 아래에서 위로 갈수록 아우트라인스티치의 줄을 줄여 나가고, 색은 밤색 → 진갈색 → 갈색 → 연갈색 순으로 그러데이션을 줍니다. 끝 부분은 꽃이 피면서 새로 생겨난 가지이므로 녹색 실로 스트레이트스티치를 합니다.

잎은 163, 469, 471, 561 네 가지 색상을 번갈아가며 새틴스티치합니다.

꽃잎은 스트레이트스티치를 세 번 수놓고, 꽃받침은 플라이스티치를 합니다. 이때 실을 고정하는 부분은 매우 짧게 합니다. 작품에서는 꽃잎의 색이 761번일 때 꽃받침은 533번, 꽃잎의 색이 818번일 때 꽃받침은 3712번을 사용했습니다.

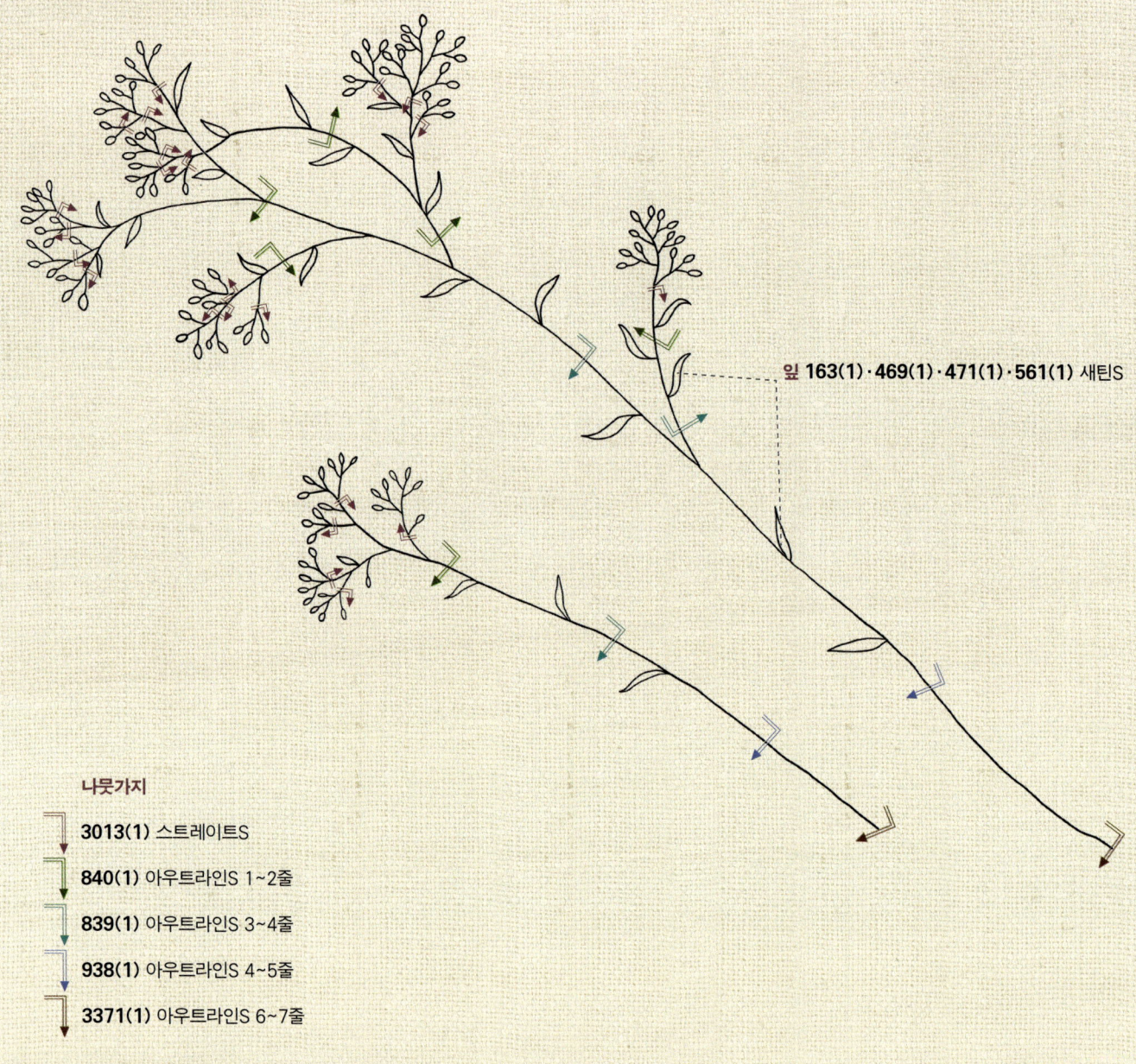

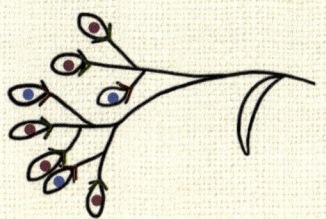

꽃송이
- ● 꽃잎 **818(1)** 스트레이트S 3번
- ∨ 꽃받침 **3712(1)** 플라이S
- ● 꽃잎 **761(1)** 스트레이트S 3번
- ∨ 꽃받침 **355(1)** 플라이S

SPRING

개족도리풀

개족도리풀은 우리나라 산지에서 피어납니다.

줄기가 지면에 비스듬히 뻗고

넓은 잎사귀에 가려 쉽게 눈에 띄지 않습니다.

그래서 더 생소한 꽃이에요.

꽃잎이 퇴화해 꽃잎처럼 보이는 부분은 실은 꽃받침이랍니다.

생긴 모양이 족두리를 닮은 이 꽃에는 슬픈 이야기가 얽혀 있습니다.

궁녀로 들어간 어린 딸이 중국으로 팔려가자

홀로 늙어가던 홀어머니는 그리움이 병이 되어 세상을 떠나고,

어린 소녀도 먼 이국땅에서 외로이 생을 마감했습니다.

그녀들이 떠나고, 단둘이 살던 집 뒤뜰에 이 꽃이 피어났다고 합니다.

모녀의 그리움을 두 송이의 꽃으로 이어주고 싶었습니다.

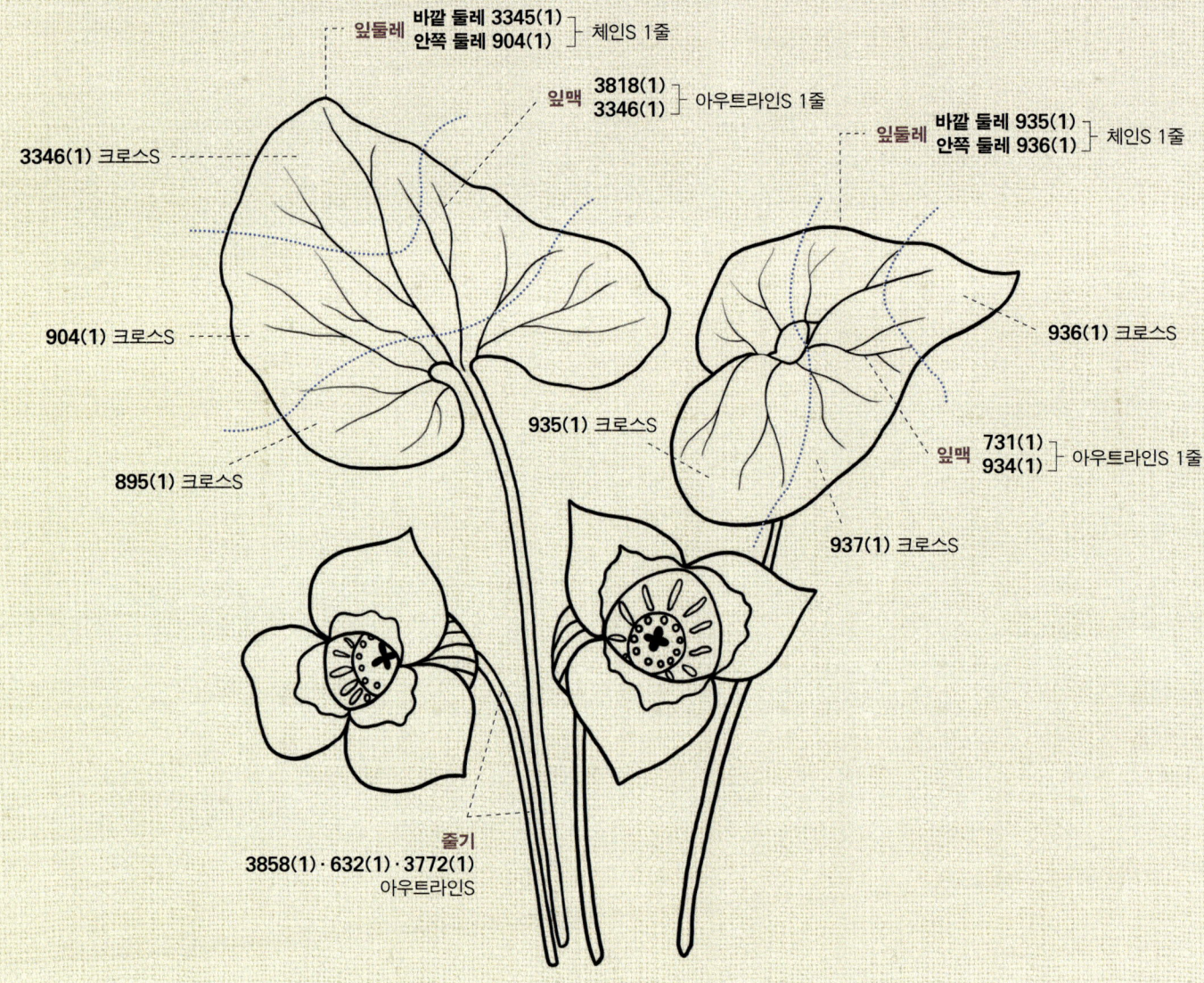

자수실 315, 632, 731, 777, 895, 902, 904, 934~7, 3345~6, 3770, 3772, 3802, 3818, 3858
자수법 아우트라인스티치, 크로스스티치, 체인스티치, 롱앤드쇼트스티치, 새틴스티치, 스트레이트스티치, 프렌치너트스티치
수놓는 순서 줄기 → 잎 둘레 → 잎 → 잎맥 → 꽃

수놓는 방법
1____ 줄기는 먼저 3등분으로 나눠 실 색과 아우트라인스티치의 줄 수에 변화를 줍니다.
2____ 잎 둘레는 먼저 바깥쪽에 체인스티치를 1줄 수놓은 다음, 실을 바꿔 안쪽에 체인스티치 1줄을 더 수놓습니다. 잎은 면적이 넓은 만큼 도안에 그려진 경계선을 중심으로 색을 바꾸고, 두 가지 색실로 번갈아가며 수놓아 자연스러운 색의 변화를 표현합니다.
3____ 꽃은 화심부터 수놓습니다. 새틴스티치로 면을 메우고, 그 위에 스트레이트스티치와 프렌치너트스티치를 수놓습니다. 꽃잎처럼 보이는 꽃받침은 바깥쪽에서 안쪽으로 롱앤드쇼트스티치로 수놓아 메웁니다.

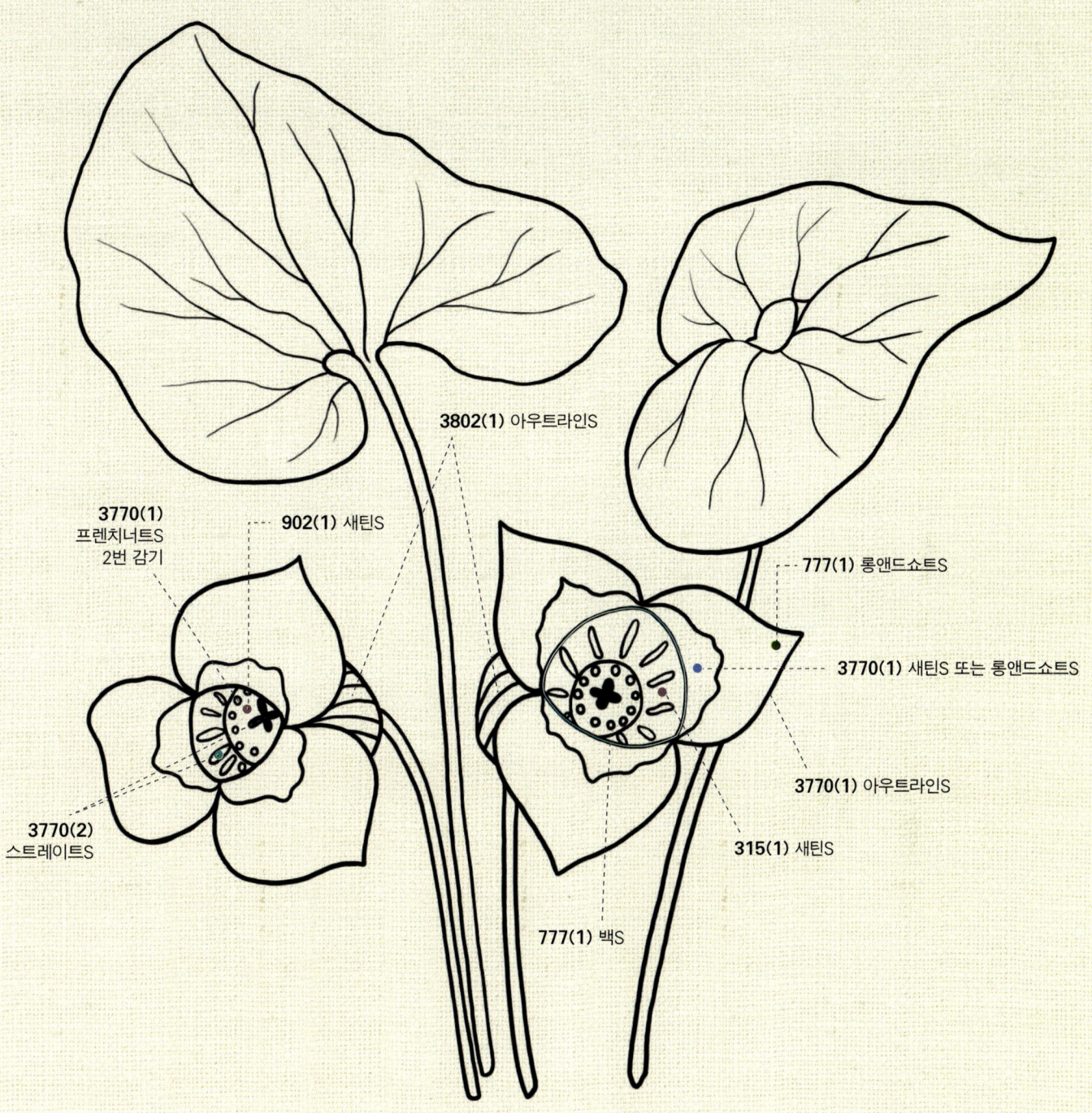

SPRING

한련화

자수실	164, 320~1, 349, 367~9, 444. 472, 522, 720~2, 726~8, 772, 817, 900, 988~9, 3022, 3052, 3078, 3363~4, 3825, 3827, 3854~5
자수법	**아우트라인스티치, 롱앤드쇼트스티치, 스트레이트스티치, 프렌치너트스티치**
수놓는 순서	줄기 → 꽃받침 → 잎 → 화심 → 꽃잎 → 꽃잎수염 → 꽃술

수놓는 방법

큰 꽃 세 송이는 화심 부분을 새틴스티치로 채웁니다. 꽃잎은 실 1가닥으로 롱앤드쇼트스티치를 합니다. 뒤쪽에 있는 꽃잎부터 수놓아주세요. 꽃잎수염은 꽃잎 1장에 다섯 번 정도 스트레이트스티치를 합니다. 꽃술은 444번 실로 2번 감아 프렌치너트스티치를 합니다. 큰 꽃은 프렌치너트스티치를 6번, 작은 꽃은 3~4번 정도 합니다.

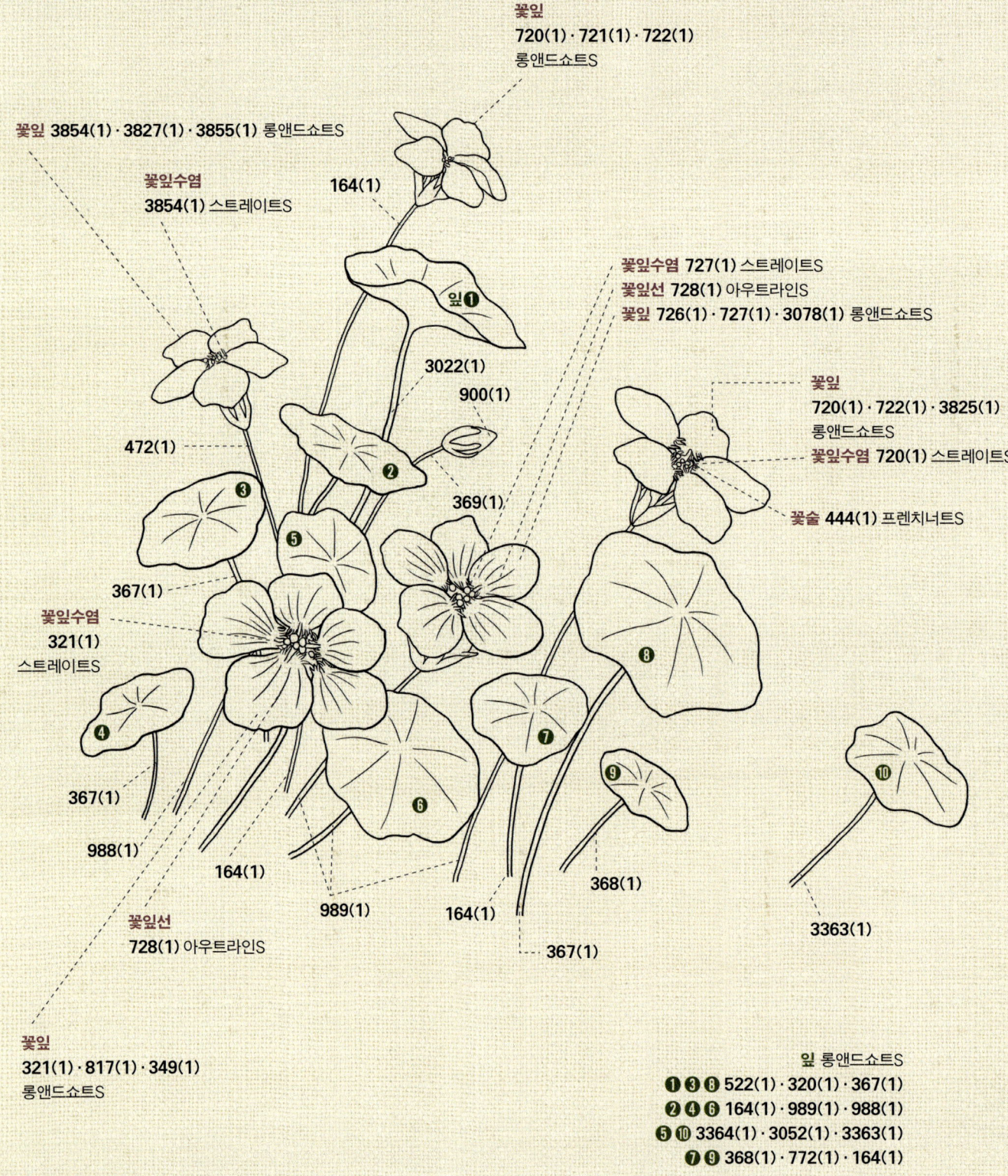

액자

SUMMER

S U M M E R

고수꽃

고수꽃은 향이 좋아 쌈으로 먹고 사찰에서는 나물로 많이 이용합니다.

잎과 꽃대는 생략하고 꽃만 수놓았습니다.

작은 꽃 760(1) 레이지데이지S

큰 꽃 151(4) 스트레이트S 2~3번

꽃술대 white(1) 스트레이트S

꽃술머리 3831(1) 프렌치너트S

760(1) 프렌치너트S

자수실	151, 760, 3831, white
자수법	스트레이트스티치, 레이지데이지스티치, 프렌치너트스티치
수놓는 순서	큰 꽃 → 작은 꽃 → 꽃술

수놓는 방법

고수꽃은 비교적 표현하기 쉬운 꽃입니다. 꽃잎을 스트레이트스티치할 때는 실 가닥을 가지런히 정리해 두세 번 수놓아주세요.

SUMMER

인동초

산딸기가 익어 가는 봄의 끝자락.

가시에 찔리면서 산딸기를 따다가

숲에 은근하고 속내 깊은 향기가 흘러 주위를 둘러보았어요.

처음으로 보게 된 하얀 꽃, 노란 꽃….

한눈에 반해 씨앗을 구해 물안골에 심어두었습니다.

다음 해 여름이 되어 꽃이 피고 보니,

제가 심은 것은 원예종으로 개량된 붉은 인동초였습니다.

숲에서의 향기와 청초함을 가진 꽃은 아니었지만

겨우내 계곡을 타고 불어오는 칼바람을 맞고도

어김없이 꽃을 피워내는 인동초가 기특하게 느껴집니다.

금은화라고도 부르는 인동초는

처음에는 하얀 꽃을 피우고, 수정이 끝나면 노란 꽃으로 변합니다.

때로는 향기 좋은 차로, 때로는 몸을 위한 약재로 쓰여

'헌신적 사랑'이란 꽃말을 그대로 드러내는 꽃이지요.

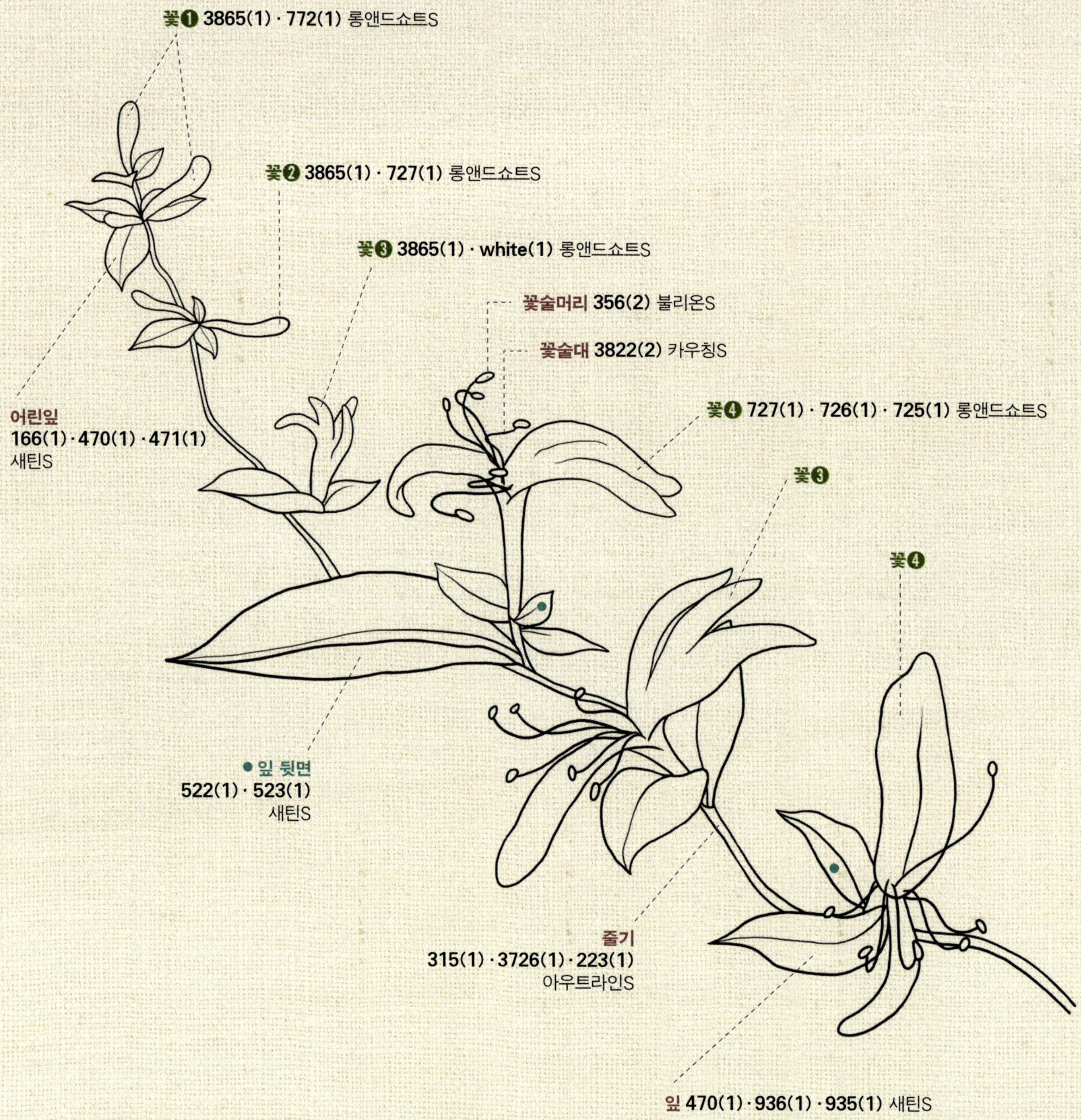

꽃❶ 3865(1)·772(1) 롱앤드쇼트S

꽃❷ 3865(1)·727(1) 롱앤드쇼트S

꽃❸ 3865(1)·white(1) 롱앤드쇼트S

꽃술머리 356(2) 불리온S

꽃술대 3822(2) 카우칭S

꽃❹ 727(1)·726(1)·725(1) 롱앤드쇼트S

어린잎
166(1)·470(1)·471(1)
새틴S

꽃❸

꽃❹

● 잎 뒷면
522(1)·523(1)
새틴S

줄기
315(1)·3726(1)·223(1)
아우트라인S

잎 470(1)·936(1)·935(1) 새틴S

손거울과 보석함

자수실 166, 223, 315, 356, 470~1, 522~3, 725~7, 772, 935~6, 3726, 3822, 3865, white
자수법 아우트라인스티치, 새틴스티치, 롱앤드쇼트스티치, 카우칭스티치, 불리온스티치
수놓는 순서 줄기 → 잎 → 꽃잎 → 꽃술

수놓는 방법

1 ---- 줄기는 아우트라인스티치로 수놓습니다. 위쪽부터 2줄로 시작해 아래쪽으로 내려오면서 줄 수를 늘려 가장 아래쪽은 5줄로 마칩니다. 실 색은 위에서 아래 방향으로 315 → 3726 → 223번 순으로 그러데이션을 합니다.

2 ---- 어린잎은 새틴스티치, 잎은 롱앤드쇼트스티치를 합니다. 꽃 뒤쪽에 있는 잎사귀를 먼저 수놓고, 꽃 앞쪽에 있는 잎사귀는 꽃을 수놓은 다음에 수놓아야 입체감이 살아나고, 선이 단정해집니다.

3 ---- 꽃술은 불리온스티치로 입체감 있게 표현합니다. 바늘에 실을 똑같은 강도로 빈틈없이 감고, 실을 감을 때는 바늘을 되도록 천에서 뜨지 않게 합니다. 실제 표현할 길이보다 실을 길게 감는 것이 포인트입니다.

SUMMER

자주꽃방망이

자주꽃방망이는 원래 보랏빛이에요.

저는 보라색 원단에 흰색과 초록색 실로 수놓아보았습니다.

흰 바탕이나 광목에 수놓으실 때는 보랏빛 색실로 수놓아보세요.

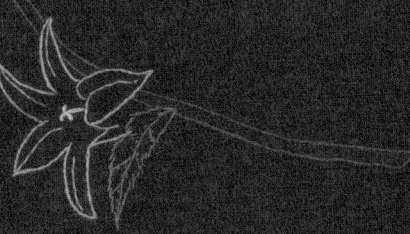

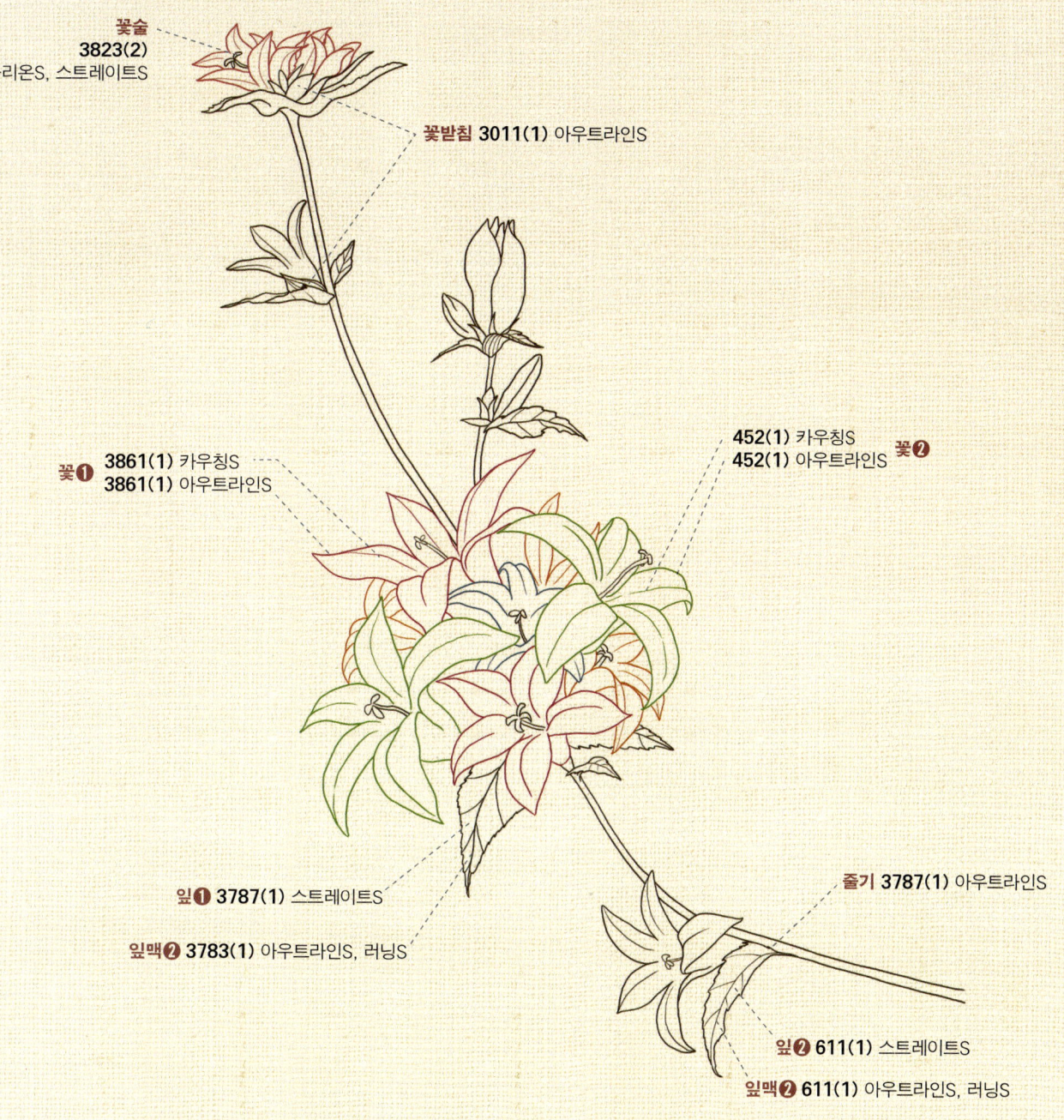

자수실 452, 611, 3011, 3783, 3787, 3823, 3861
자수법 아우트라인스티치, 스트레이트스티치, 러닝스티치, 카우칭스티치, 불리온스티치
수놓는 순서 줄기 → 잎 → 꽃받침 → 꽃잎 → 꽃술

수놓는 방법

자주꽃방망이는 대부분 아우트라인스티치로 수놓습니다. 꽃잎 중심선은 카우칭스티치로, 잎과 줄기는 아우트라인스티치와 스트레이트스티치로 표현합니다. 꽃술은 3823번 자수실 두 가닥을 사용해 머리 부분은 불리온스티치, 대 부분은 스트레이트스티치합니다.

SUMMER

노랑어리연

오래전, 수초들 사이에서 고개를 쏙 내밀고 있는 어리연을 보았습니다.

물 위로 보이는 여리고 여린 노란 꽃잎이 어찌나 예쁘던지…….

몇 촉 사다가 키 작은 항아리에 진흙을 깔고 정성껏 심었어요.

하나, 둘, 연잎만 세며 꽃피는 날만을 기다릴 무렵

드디어 작은 꽃 두 송이가 이슬을 머금고 아침 햇살에 반짝이는 걸 보았습니다.

다음 날 다시 보고 싶은 마음에 일어나자마자 마당에 나가보니,

그사이 꽃은 시들어버렸습니다.

단 하루, 그 짧은 만남의 아쉬움을 수놓았습니다.

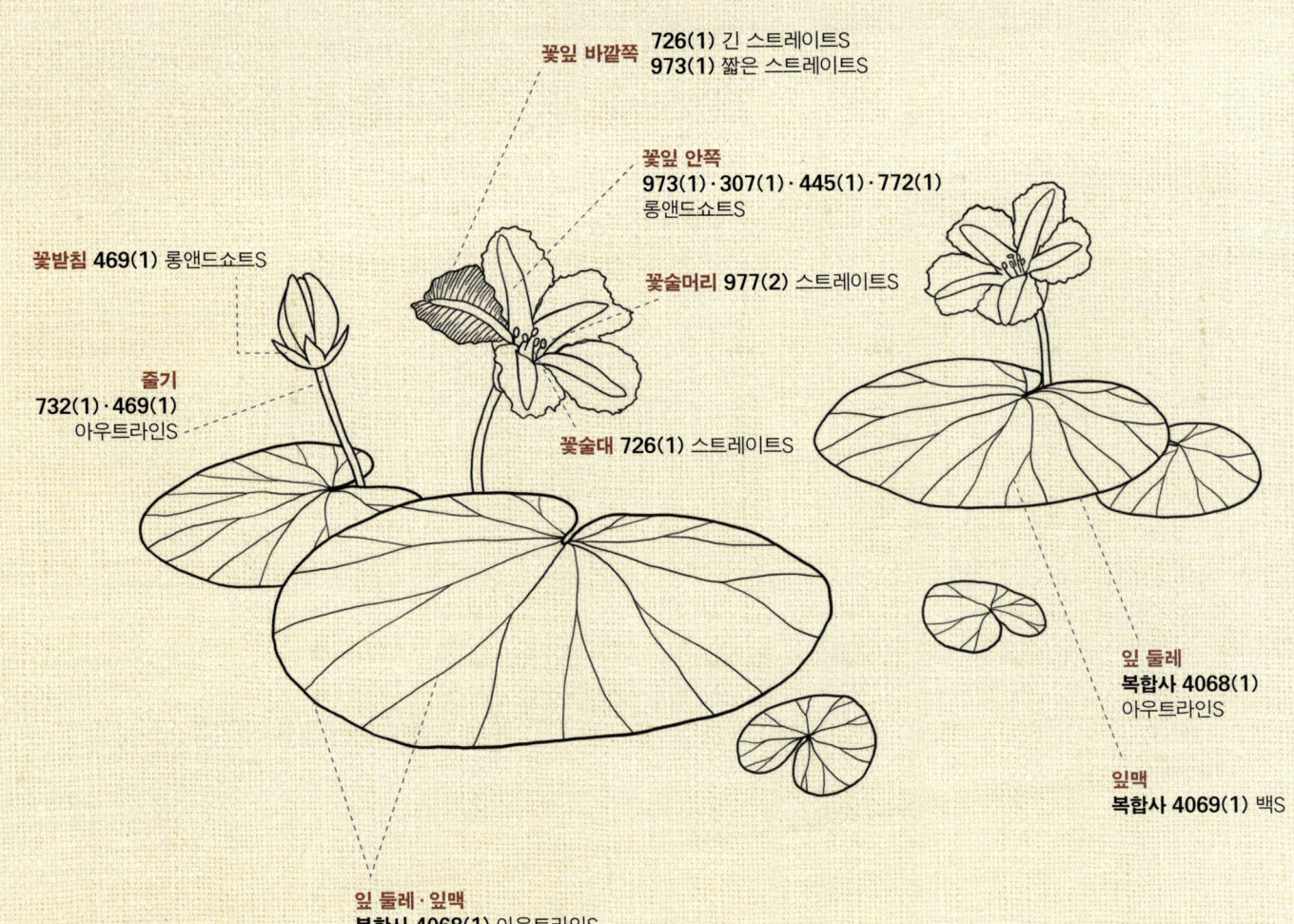

자수실 307, 445, 469, 726, 732, 772, 973, 977, 4068~9
자수법 아우트라인스티치, 백스티치, 롱앤드쇼트스티치, 스트레이트스티치
수놓는 순서 줄기 → 잎 → 꽃잎 → 꽃받침 → 꽃술

수놓는 방법

어리연의 꽃잎은 바깥 부분을 먼저 수놓습니다. 길고 짧은 스트레이트스티치를 반복해 가벼운 느낌을 살려서 나풀거리게 표현하는 것이 중요합니다. 안쪽 꽃잎은 바깥 부분을 수놓은 다음에 표현해주세요.

SUMMER

닭의장풀

길가에서도, 밭두렁이나 논두렁에서도

작은 도랑이 있는 곳이면 어김없이 무더기로 피어있는 흔한 꽃이에요.

우리에겐 꽃이지만 농부님들에겐 성가신 잡초랍니다.

푸른 꽃잎을 가진 꽃이 귀하지만, 이 녀석은 하루살이입니다.

꽃가루가 부족해서 꽃이 질 때는 긴 꽃술이 꼬부라져 제꽃가루받이를 하고,

마디에서 뿌리를 내려 덤불을 이룹니다.

벌과 나비의 도움도 받지 않고 스스로 애쓰고 힘을 내

여름 내내 매일같이 새 꽃을 피우니

잡초임에도 불구하고 귀하지 않다고 할 수 없지요.

중국의 어느 시인은 꽃이 피는 대나무라고 부르며 심어두고 아꼈다고 합니다.

자수실　　444, 699~702, 911~2, 996, 3721, 3843, 3845~6, 3865
자수법　　아우트라인스티치, 백스티치, 롱앤드쇼트스티치, 프렌치너트스티치, 스트레이트스티치
수놓는 순서　줄기 → 잎 → 꽃잎 → 꽃술

수놓는 방법
1____ 꽃을 자연스럽게 표현하기 위해서 항상 꽃잎의 결 방향이 중요합니다. 결을 잘 살려 수놓아주세요. 꽃잎이 접힌 부분이 결과 같은 색상일지라도 결 방향을 잘 살려주면, 완성했을 때 빛의 반사에 따라 실색이 달라보여 접힌 부분이 잘 드러납니다.
2____ 닭의장풀의 잎은 나란히맥이라서 면을 메우지 않고 선으로 표현해도 잎의 느낌이 어색하지 않습니다. 잎맥은 백스티치로, 바깥 선은 아우트라인스티치로 수놓아주세요.

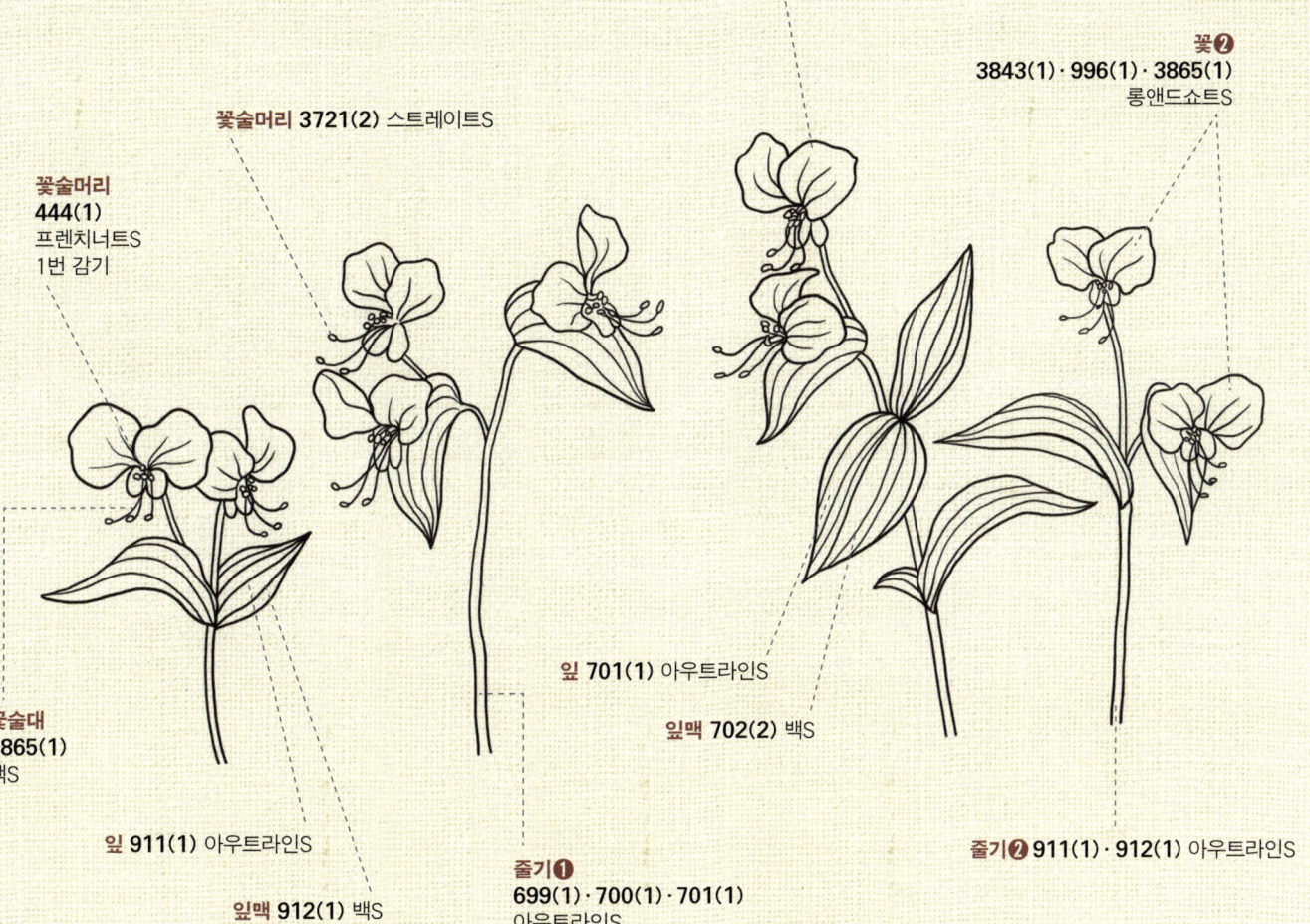

SUMMER

금꿩의다리

자수실 469~72, 604, 734, 743, 963, 3326, 3346~7, 3688~9, 3722, 3726, 3778, white
자수법 아우트라인스티치, 롱앤드쇼트스티치, 새틴스티치, 스트레이트스티치
수놓는 순서 줄기 → 잎 → 꽃잎 → 꽃술

수놓는 방법

금꿩의다리는 가늘고 여린 줄기 끝에 작은 꽃들이 달려 있습니다. 작은 꽃잎은 새틴스티치로, 큰 꽃잎은 롱앤드쇼트스티치로 표현합니다. 노란 꽃술은 풍성하게 표현하면 보기 좋습니다. 특히, 여러 색실로 그러데이션을 넣어 잎사귀의 결을 자연스럽게 표현하는 것이 중요합니다.

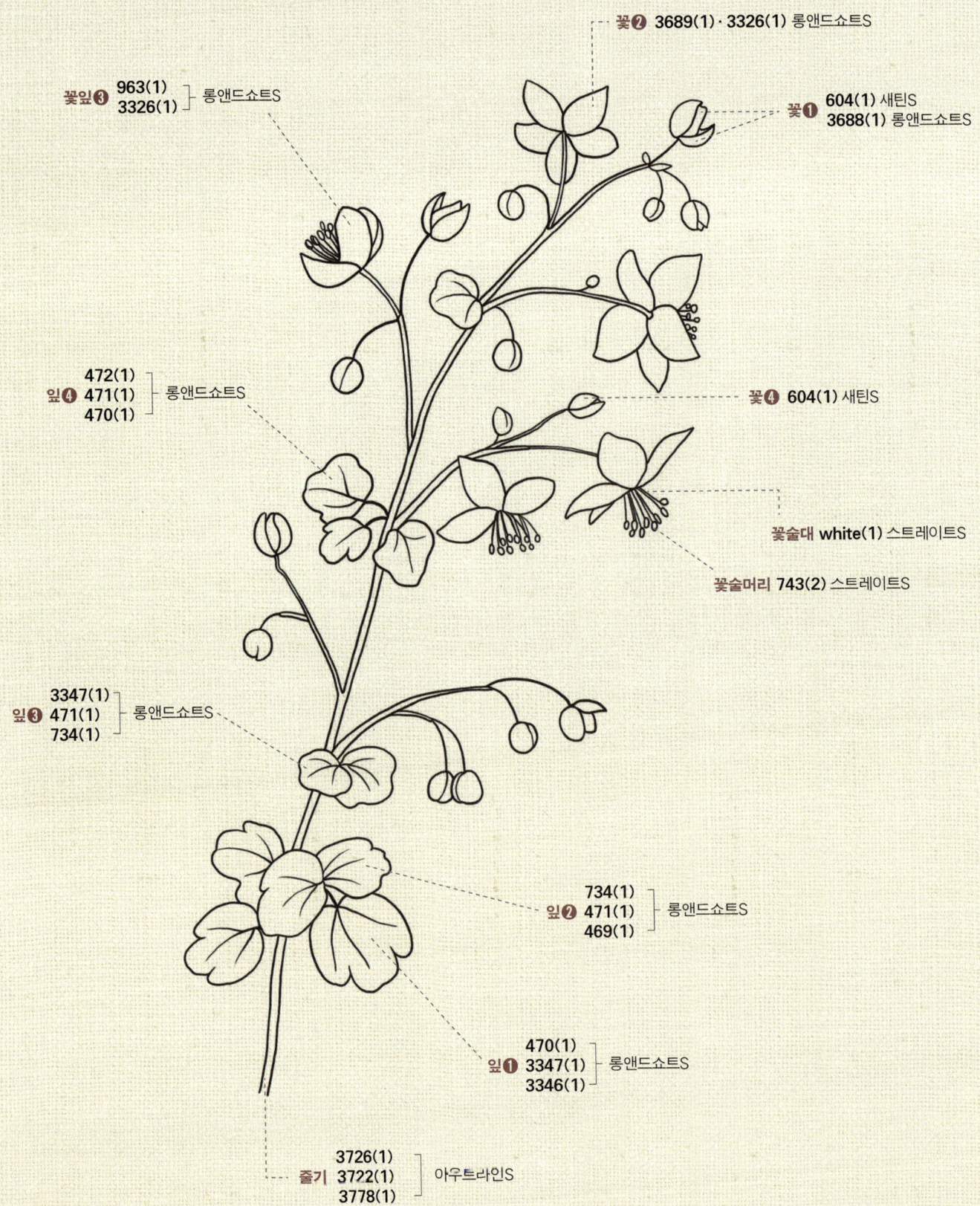

SUMMER

자주달개비

자수실 155, 327, 356, 368~9, 372, 501~5, 552~4, 561~2, 743, 3746, 3815, 3859
자수법 롱앤드쇼트스티치, 아우트라인스티치, 스트레이트스티치, 프렌치너트스티치, 새틴스티치
수놓는 순서 줄기 → 잎 → 꽃대 → 꽃 → 꽃술

수놓는 방법

1 ---- 자주달개비의 꽃잎은 모두 롱앤드쇼트스티치입니다. 자주달개비의 꽃술은 꽃술머리가 있는 것이 중심에 위치하고, 그 주변에 꽃술머리가 없는 꽃술대가 있습니다. 꽃술머리는 실 한 가닥을 2번 감아 프렌치너트스티치합니다. 꽃술머리가 없는 꽃술대는 스트레이트스티치를, 꽃이 달린 꽃대는 356, 3859번 실 두 가닥으로 스트레이트스티치를 합니다.

2 ---- 작은 꽃봉오리들은 꽃받침에 쌓여 다닥다닥 붙어 있어, 실 색으로 구분을 줬습니다. 위쪽의 꽃받침은 롱앤드쇼트스티치로 수놓고, 아래쪽은 크기가 작으므로 새틴스티치로 수놓아도 괜찮습니다.

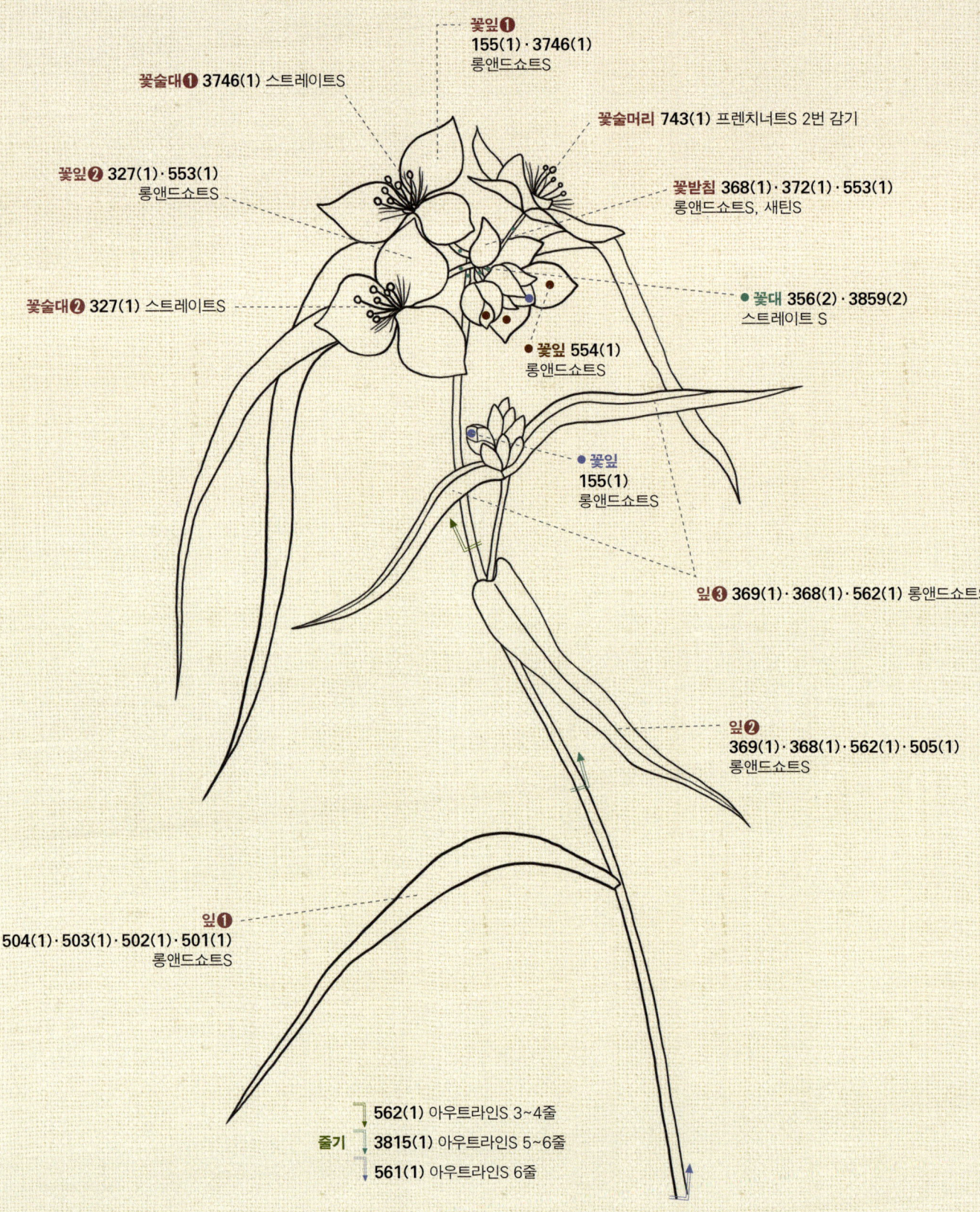

※ 꽃받침은 세 가지 색을 번갈아가며 수놓습니다.

SUMMER

잔대꽃

잔대꽃의 잎은 나물로 무쳐 먹고,

뿌리는 껍질을 벗겨 더덕처럼 반찬으로 만들어 먹습니다.

그 맛이 아리지 않고 순하고 담백합니다.

이처럼 식용, 약용으로도 훌륭하지만,

작은 보라색 초롱꽃들을 보는 재미도 쏠쏠합니다.

실제 꽃 크기는 엄지손가락 한 마디 정도로 작습니다.

자수실 153~4, 209~11, 469~71, 580, 935~7, 3013, 3051, 3346~7, 3836, 3865
자수법 아우트라인스티치, 롱앤드쇼트스티치, 스트레이트스티치, 아우트라인스티치, 새틴스티치
수놓는 순서 줄기 → 잎 → 꽃술 → 꽃잎 → 꽃받침

만드는 방법
꽃은 위에서 시작해 아래로 내려가면서 롱앤드쇼트스티치합니다. 꽃의 끝 부분은 3865번 실로 수놓아주세요. 꽃이 달린 작은 가지들과 꽃받침은 큰 줄기를 수놓은 실을 사용합니다. 잎은 크기가 작은 것은 새틴스티치, 크기가 큰 것은 롱앤드쇼트스티치합니다.

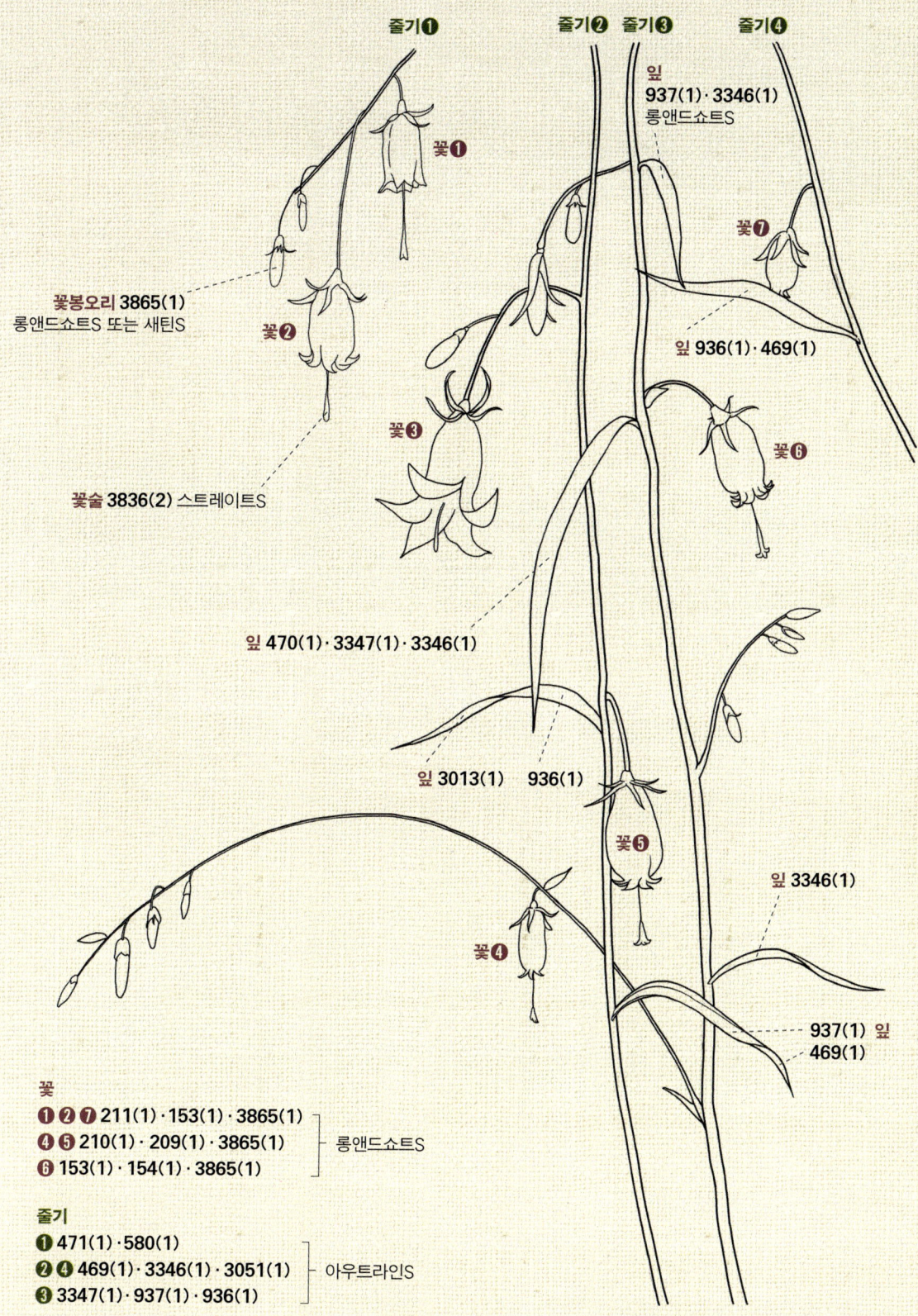

SUMMER

싸리꽃

싸리꽃, 도라지꽃, 마타리…….

소설 《소나기》의 소년과 소녀가 산길에서 만난 꽃들이지요.

늦여름 산길에서 이 꽃들을 보면

소년, 소녀의 예쁜 모습이 떠올라 미소 짓게 되고,

어릴 적 생각에 그리워집니다.

첫눈이 옴팡지게 오던 날은

싸리 빗자루가 지나가며 남긴 자국들을 보면 마음이 정갈해져,

되돌아오는 발걸음을 조심스레 내딛어야 했습니다.

덜 핀 싸리꽃은 꽃밥으로, 색이 고운 꽃송이들은 풍성한 반찬이 되어,

친구들과 알콩달콩 소꿉놀이도 했지요.

어린 시절 추억을 생각하며 싸리꽃을 수놓고, 다포로 만들었습니다.

어릴 적 동무들이 그리워질 때마다 싸리꽃 다포와 함께 찻잔을 기울입니다.

※ 꽃잎과 꽃받침은 모두 롱앤드쇼트S입니다.

줄기 3772(1)·3859(1)·3773(1) 아우트라인S

잎맥·둘레 936(1) 아우트라인S

잎 734(1)·3012(1)·3011(1)·936(1) 크로스S

3609(1)·3607(1)

150(1)·3609(1)

가지 3011(1)·3012(1) 스트레이트S

3743(1)

꽃받침 610(1)·612(1)·613(1)

잎맥·둘레 3012(1) 아우트라인S

꽃 ❶

꽃 ❷

150(1)
3804(1)

3609(1)

604(1)·603(1)·602(1)

3609(1)·3806(1)

꽃 ❷

150(1)·3743(1)

꽃 ❶

150(1)

3804(1)·3805(1)·3806(1)

600(1)

3743(1)

3609(1)

자수실　　150, 600~4, 610, 612~3, 734, 936, 3011~2, 3607, 3609, 3743, 3772~3, 3804~6, 3859
자수법　　스트레이트스티치, 아우트라인스티치, 크로스스티치, 롱앤드쇼트스티치
수놓는 순서　줄기 → 가지 → 잎 → 꽃받침 → 꽃잎

수놓는 방법

1____　잎은 끝 부분으로 갈수록 936 → 3011 → 3012 → 734번 순으로 실을 바꿔가며 크로스스티치합니다. 올을 세기 어려운 천에 수를 놓을 경우, 웨이스트 캔버스를 사용하면 쉽게 크로스스티치를 할 수 있습니다. 잎맥과 잎 둘레는 아우트라인스티치합니다.

2____　큰 꽃의 중심선은 꽃 면을 다 채운 다음, 맨 마지막에 합니다.

다포

AUTUMN

AUTUMN

고마리

고마리는 습지에서 자라지만

더러운 물을 깨끗하게 해주고,

꽃은 차로, 잎과 줄기는 약으로도 쓰이는

고마운 꽃이에요.

저에게 수놓는 일은

스스로 했던 말과 행동을 곱씹어 보며

얽혀있는 것들에 화풀이도 했다가, 위안도 했다가, 반성도 했다가

마침내 풀리고 정화되는 고마운 일입니다.

그래서 마음이 복잡할 땐 수를 놓습니다.

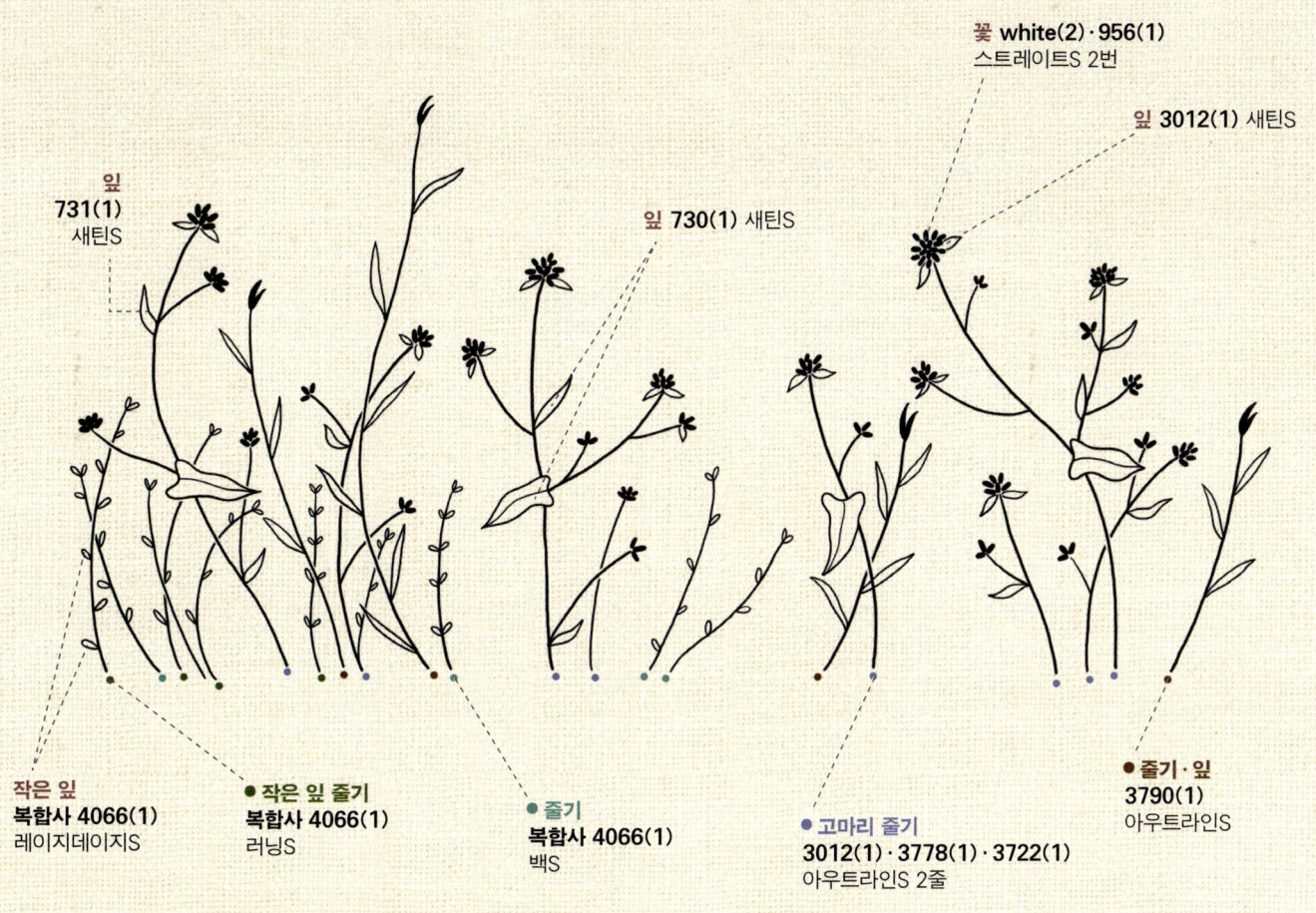

자수실		730~1, 956, 3012, 3722, 3778, 3790, 4066, white
자수법		아우트라인스티치, 러닝스티치, 백스티치, 새틴스티치, 레이지데이지스티치, 스트레이트스티치
수놓는 순서	줄기 → 잎 → 꽃

수놓는 방법

1____ 고마리는 아주 작은 꽃들이 모여 한 송이를 이룹니다. 꽃은 흰색으로 끝 부분에 붉은빛이 돕니다. 흰색 부분은 스트레이트스티치를 두 번 반복하고 끝 부분에서 실을 바꿔 스트레이트스티치를 두 번 반복합니다.

2____ 고마리의 줄기는 아우트라인스티치를 2줄로 수놓고, 잎은 반으로 나누어 새틴스티치를 합니다.

티 매트

AUTUMN

꽃무릇

자수실 321, 469, 731, 733, 760, 895, 3362, 3831, 3853
자수법 아우트라인스티치, 롱앤드쇼트스티치, 백스티치
수놓는 순서 줄기 → 꽃자루 → 꽃잎 → 꽃술대 → 꽃술머리

수놓는 방법

1____ 꽃이 먼저 피는 꽃무릇은 꽃과 잎이 피는 시기가 달라 동시에 볼 수 없는 꽃입니다. 줄기는 준비한 실을 가지고 아래에서 위로 갈수록 색감은 연하게, 아우트라인스티치의 줄 수는 줄여 나갑니다.

2____ 활짝 핀 꽃은 곡선이 많으므로 아우트라인스티치로, 꽃봉오리는 롱앤드쇼트스티치로 표현합니다. 꽃술은 선을 갸날프게 표현해야 산뜻한 인상을 줍니다.

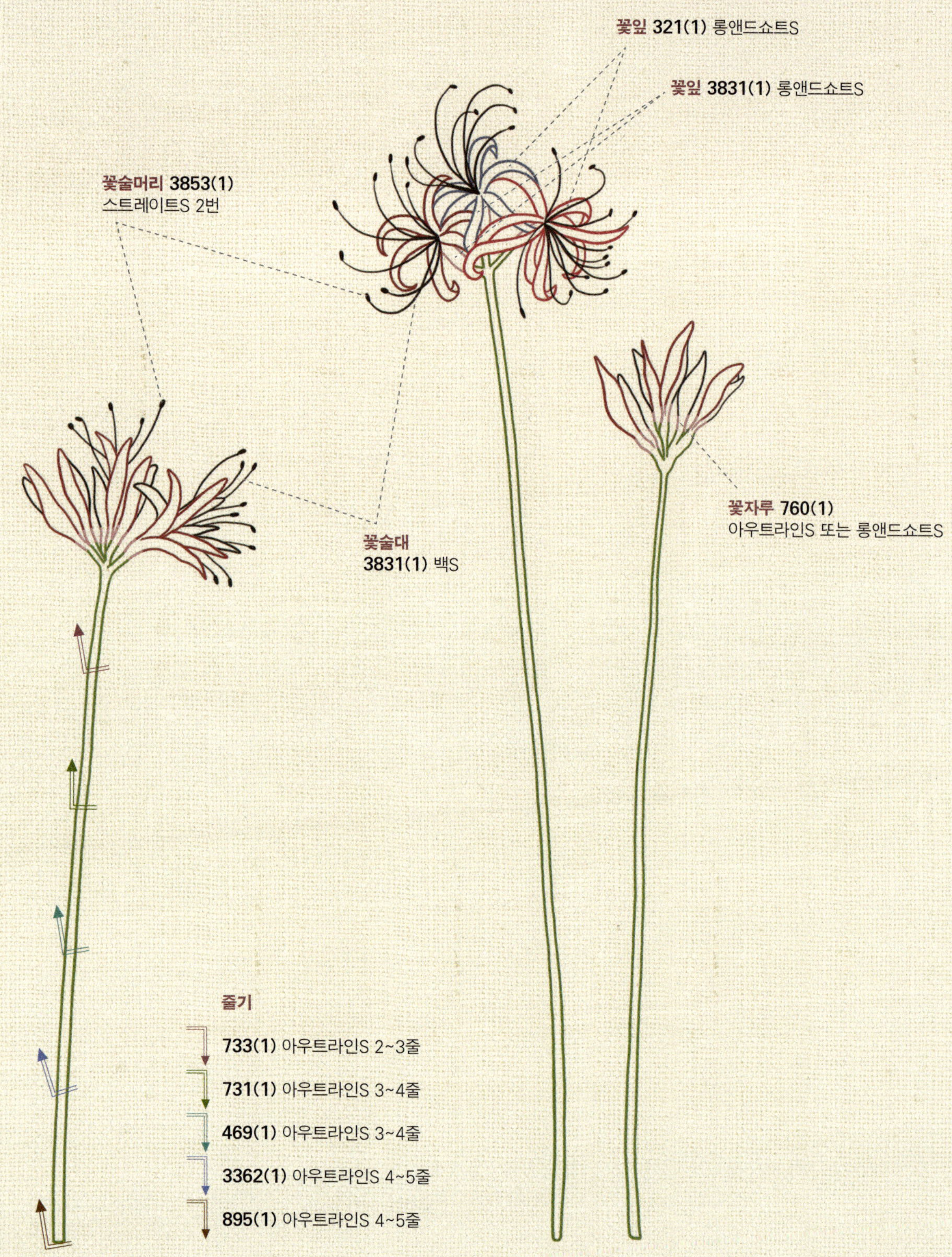

꽃잎 **321(1)** 롱앤드쇼트S

꽃잎 **3831(1)** 롱앤드쇼트S

꽃술머리 **3853(1)**
스트레이트S 2번

꽃술대
3831(1) 백S

꽃자루 **760(1)**
아우트라인S 또는 롱앤드쇼트S

줄기

733(1) 아우트라인S 2~3줄

731(1) 아우트라인S 3~4줄

469(1) 아우트라인S 3~4줄

3362(1) 아우트라인S 4~5줄

895(1) 아우트라인S 4~5줄

와인병 주머니와 테이블 매트

AUTUMN

개여뀌

가을에는 쪽 염색을 한 천을 빨랫줄에 널어

마당 한가운데로 가을 하늘을 옮겨옵니다.

하늘빛 모시 자락이 하늘거릴 때면

빈 옥수수밭 앞으로 개여뀌가 무성하게 피어납니다.

꽃도 피기 전에 뽑아서 옥수수밭에 내던져버렸는데

어느새 뿌리를 내리고, 쪽을 흉내 냅니다.

하늘을 옮겨 오는 저와 쪽을 흉내 내는 개여뀌.

개여뀌를 수놓아 소중히 걸어두어야겠어요.

※ 꽃은 다섯 가지 색을 번갈아가며 수놓습니다.

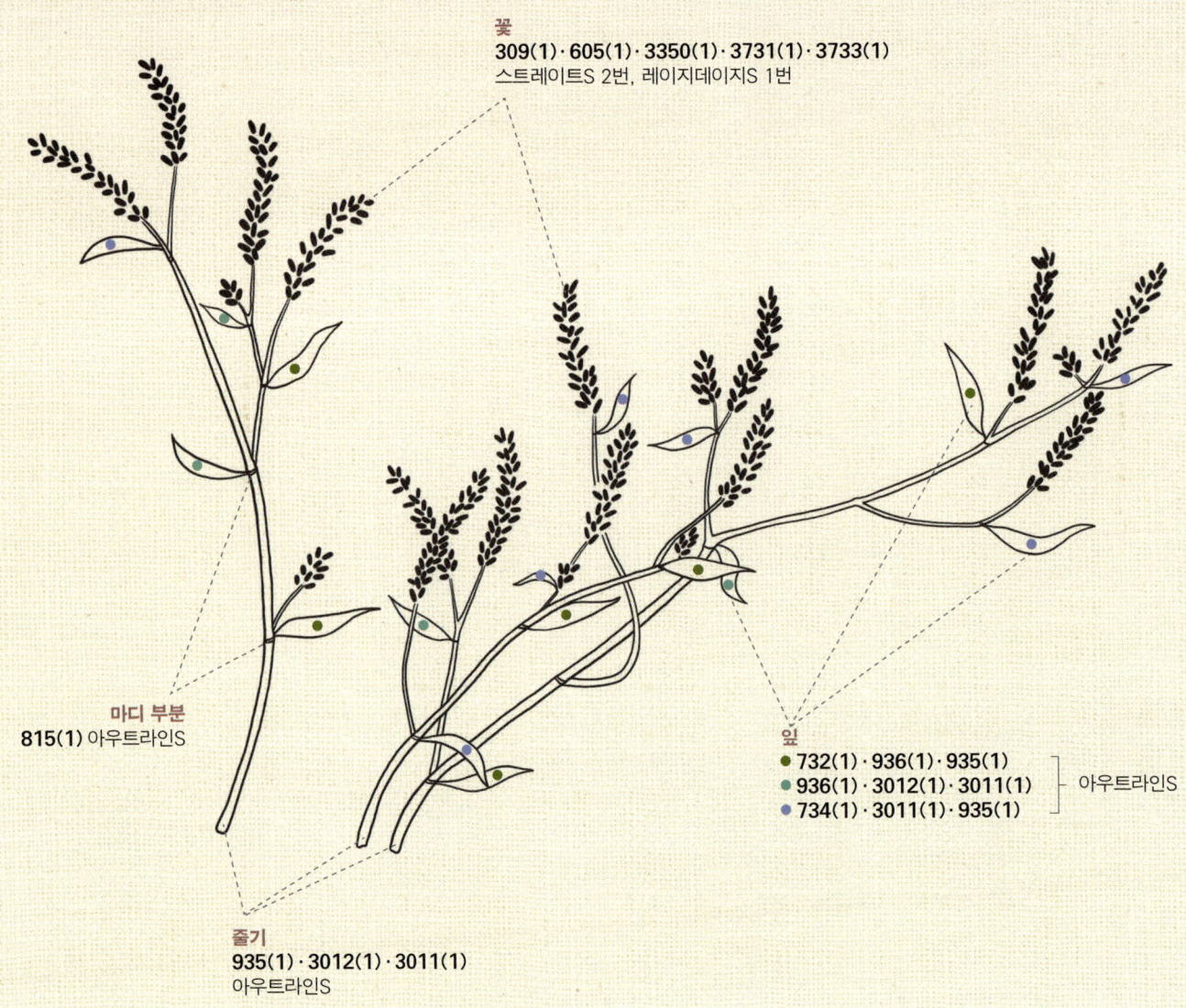

꽃
309(1)·605(1)·3350(1)·3731(1)·3733(1)
스트레이트S 2번, 레이지데이지S 1번

마디 부분
815(1) 아우트라인S

잎
● 732(1)·936(1)·935(1)
● 936(1)·3012(1)·3011(1) ⎱ 아우트라인S
● 734(1)·3011(1)·935(1)

줄기
935(1)·3012(1)·3011(1)
아우트라인S

자수실   309, 605, 732, 734, 815, 935~6, 3011~2, 3350, 3731, 3733
자수법   아우트라인스티치, 스트레이트스티치, 레이지데이지스티치
수놓는 순서   줄기의 마디 부분 → 줄기 → 잎 → 꽃

수놓는 방법

1____ 먼저 줄기의 마디 부분을 수놓습니다. 가로로 아우트라인스티치를 두 번 반복하고, 자주색에서 녹색으로 점차 변화하는 마디 부분을 연상하며 세로로 아우트라인스티치를 여러 줄 수놓습니다.

2____ 줄기는 아래에서 위로 갈수록 실을 옅은 색으로 바꿔가며 아우트라인스티치를 합니다.

3____ 꽃은 분홍색 계열의 실을 여러 개 준비해 번갈아가며 사용합니다. 스트레이트스티치를 두 번 반복한 다음, 끝 부분에 레이지데이지스티치를 수놓아 꽃잎 모양을 완성합니다.

AUTUMN

사위질빵꽃

이름이 재미있는 이 꽃은 꽃잎이 없고 꽃받침과 꽃술로만 이루어져 있어요.
꽃잎처럼 보이는 것이 꽃받침이랍니다.

'사위질빵'이란 이름처럼 장모님의 사랑이 담긴 꽃이에요.
그 옛날, 사위를 위해 약한 꽃줄기로 지게 끈을 만들어
열심히 일하면 끈이 끊어져 쉬어갈 수 있게 했다고 합니다.

17개의 조각 천을 이어 만든 가방에
사위질빵꽃을 수놓아 장식했습니다.

꽃받침
white(1)
롱앤드쇼트S

꽃술대
3756(1)
스트레이트S

줄기
3348(1)·471(1)
아우트라인S

꽃술머리
744(1)
프렌치너트S

꽃대 **369(1)** 스트레이트S

자수실   369, 471, 744, 3348, 3756, white
자수법   아우트라인스티치, 롱앤드쇼트스티치, 스트레이트스티치, 프렌치너트스티치
수놓는 순서   줄기 → 꽃대 → 꽃받침 → 꽃술대 → 꽃술머리

수놓는 방법
줄기는 두 가지 색을 번갈아 사용하며 아우트라인스티치를 합니다.

가방

WINTER

겨울

WINTER

비파꽃

겨울에 꽃이 피고 여름에 노란 열매를 맺는 비파나무는

잎 모양이 비파라는 악기와 닮아서 붙여진 이름이라고 합니다.

열매는 신맛이 나고, 씨앗은 약재로 쓰입니다.

주로 남부지방에서 자라, 흔히 볼 수 있는 꽃은 아닙니다.

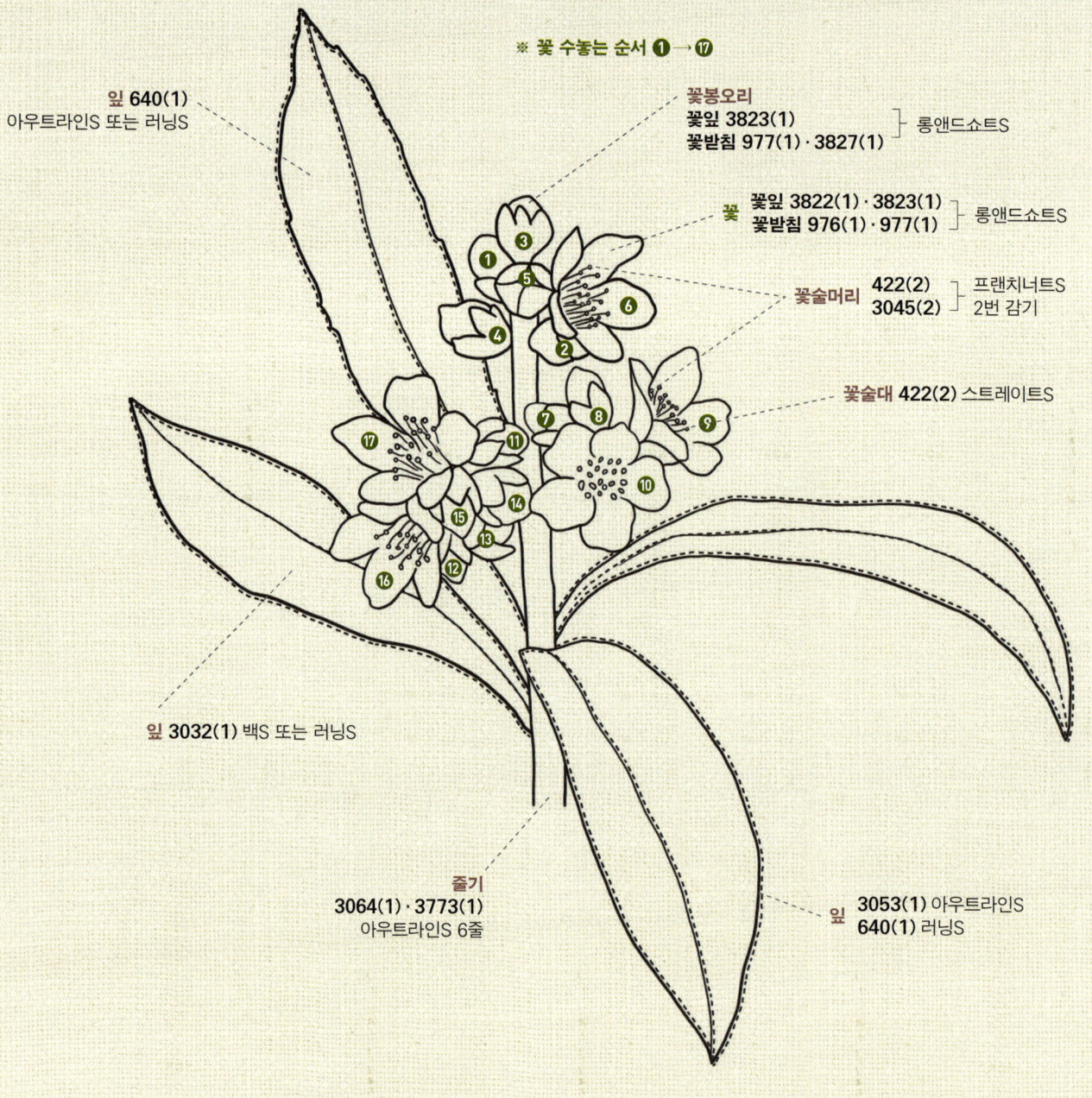

자수실 422, 640, 976~7, 3032, 3045, 3053, 3064, 3773, 3822~3, 3827
자수법 아우트라인스티치, 백스티치, 러닝스티치, 롱앤드쇼트스티치, 스트레이트스티치, 프렌치너트스티치
수놓는 순서 줄기 → 잎 → 꽃잎 → 꽃술

수놓는 방법

1____ 줄기는 두꺼우므로 3064와 3773번 실을 번갈아가며 1줄씩 수놓습니다. 줄 간격은 촘촘하지 않게 간격을 벌려줍니다. 잎은 꽃을 강조하기 위해 면을 채우지 않고 잎맥과 둘레만 아우트라인스티치, 백스티치, 러닝스티치로 수놓습니다.

2____ 꽃은 모두 롱앤드쇼트스티치로 수놓습니다. 꽃받침과 꽃잎을 수놓을 때 여러 색으로 그러데이션하면 입체감을 살릴 수 있습니다.

WINTER

노루귀

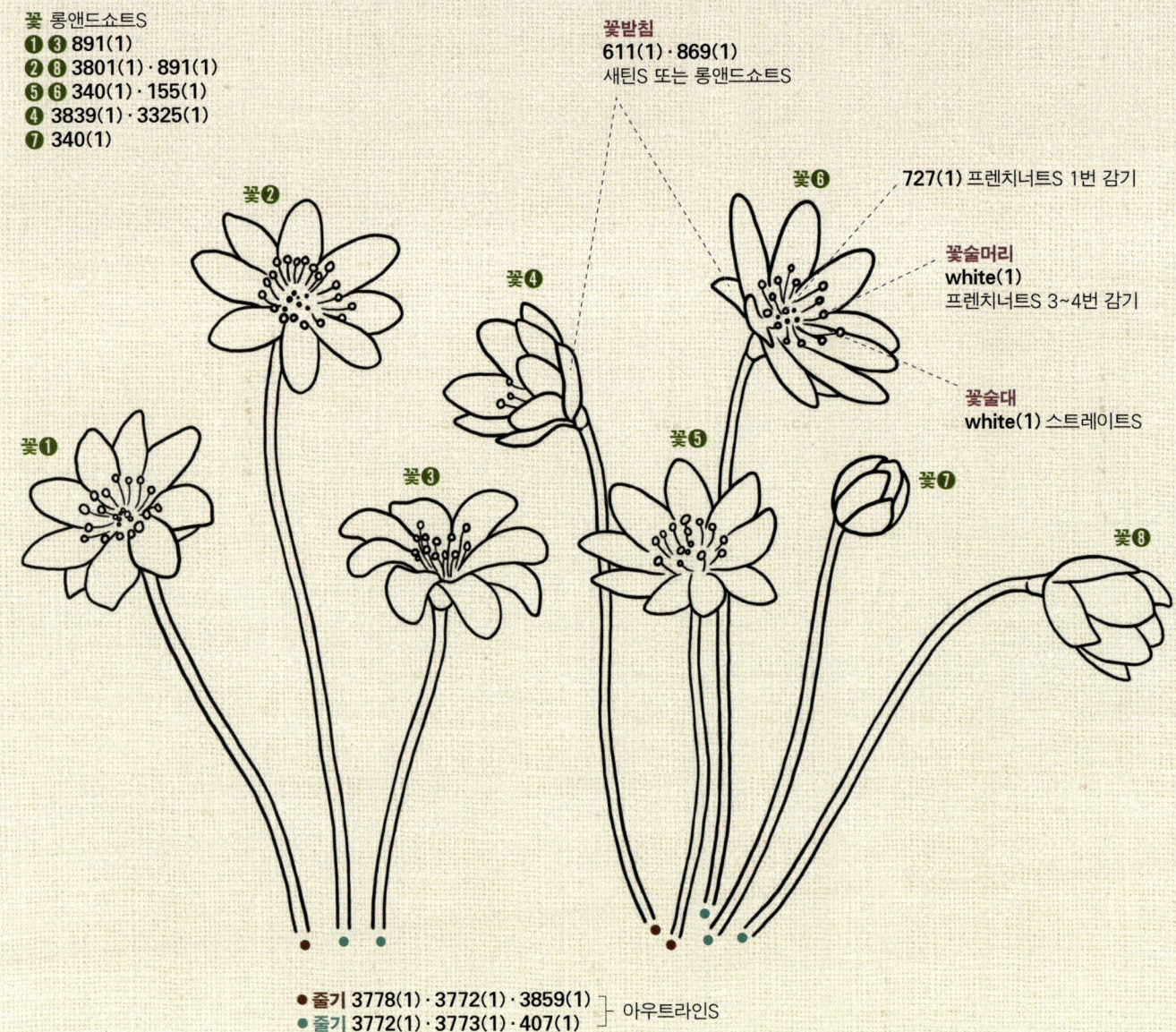

꽃 롱앤드쇼트S
❶❸ 891(1)
❷❽ 3801(1)・891(1)
❺❻ 340(1)・155(1)
❹ 3839(1)・3325(1)
❼ 340(1)

꽃받침
611(1)・869(1)
새틴S 또는 롱앤드쇼트S

727(1) 프렌치너트S 1번 감기

꽃술머리
white(1)
프렌치너트S 3~4번 감기

꽃술대
white(1) 스트레이트S

● 줄기 3778(1)・3772(1)・3859(1) ┐ 아우트라인S
● 줄기 3772(1)・3773(1)・407(1) ┘

자수실   155, 340, 407, 611, 727, 869, 891, 3325, 3772~3, 3778, 3801, 3839, 3859, white
자수법   아우트라인스티치, 롱앤드쇼트스티치, 새틴스티치, 스트레이트스티치, 프렌치너트스티치
수놓는 순서 줄기 → 꽃받침 → 꽃잎 → 꽃술

수놓는 방법
1____ 줄기는 아우트라인스티치를 3~4줄 정도 수놓습니다.
2____ 꽃잎은 바깥쪽이 진하고, 화심 쪽으로 갈수록 흐려집니다. 먼저, 롱앤드쇼트스티치로 꽃잎의 면을 메우고 난 다음 꽃술을 표현합니다. 바깥쪽 꽃술은 3~4번 감아 수가 도드라지게 합니다. 덜 핀 꽃과 꽃봉오리의 꽃잎은 뒤쪽부터 수놓고, 꽃받침은 마지막에 표현합니다.

잔설이 남아있는 3월의 숲.

얼음 밑으로 흐르는 냇물과

물안골을 훑고 지나가는 매서운 바람에

봄이 올 수 있을까 걱정합니다.

눈을 뚫고 올라온 솜털 보송보송한 노루귀 꽃대와

여리고 고운 꽃잎을 발견하면

어느새 봄이 쑥 들어와 움츠린 어깨가 펴지고

'봄이구나!' 하고 감탄이 절로 나옵니다.

WINTER

동백꽃

꽃이 지고 나면 볼품없기 마련인데,

죽어서도 아름다운 꽃은 동백꽃이 아닐까 생각합니다.

장미의 붉은빛이 화려하고 매혹적이라면,

동백의 붉은빛은 새색시 연지 같습니다.

부끄러운 듯하면서도 화사하고,

떨어진 꽃들의 뒤태는 그냥 지나칠 수 없게 애달픕니다.

동백꽃은 그리움이 오래 남는 꽃입니다.

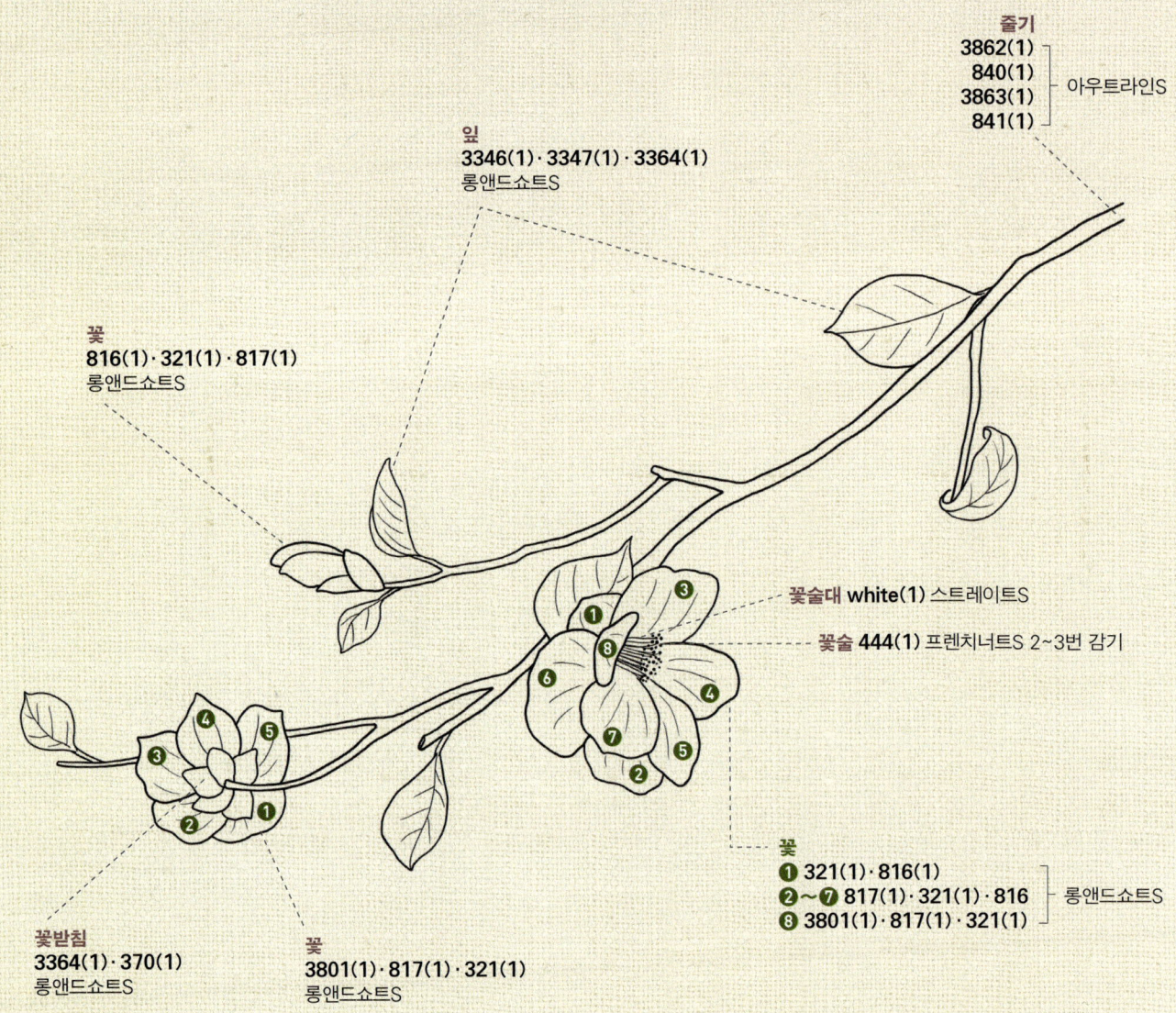

자수실   321, 370, 444, 816~7, 840~1, 3346~7, 3364, 3801, 3862~3, white
자수법   아우트라인스티치, 롱앤드쇼트스티치, 스트레이트스티치, 프렌치너트스티치
수놓는 순서   줄기 → 잎 → 꽃받침 → 꽃잎 → 꽃술

수놓는 방법

1____ 줄기의 가는 부분은 2~3줄, 굵은 부분은 5~6줄로 아우트라인스티치를 합니다. 잎은 가운데 잎맥을 중심으로 양쪽 결을 살려 표현합니다. 작은 잎은 롱앤드쇼트스티치 대신 새틴스티치로 수놓아도 괜찮습니다.

2____ 활짝 핀 꽃잎은 번호 순으로 바깥쪽에서 안쪽으로 수놓습니다.

가리개

춘천, 사계절 꽃 자수

1판 1쇄 발행 2014년 7월 31일
1판 6쇄 발행 2024년 4월 11일

지은이 | 김예진
그림 | 조선희
사진 | 한정수
펴낸이 | 김기옥

실용본부장 | 박재성
편집 | 이나리, 장윤선
마케터 | 이지수
지원 | 고광현, 김형식

디자인 | 霖 design
인쇄·제본 | 민언프린텍

펴낸곳 | 한스미디어(한즈미디어(주))
주소 | 121-839 서울시 마포구 양화로 11길 13(서교동, 강원빌딩 5층)
전화 | 02-707-0337
팩스 | 02-707-0198
홈페이지 | www.hansmedia.com
출판신고번호 | 제313-2003-227호
신고일자 | 2003년 6월 25일

ISBN | 978-89-5975-622-3   13630

책값은 뒤표지에 있습니다.
잘못 만들어진 책은 구입하신 서점에서 교환해 드립니다.

촬영 장소

춘천 고택에 들어서면 잠시 과거로 돌아가

고향 집에 서 있는 듯한 아늑함을 느낄 수 있습니다.

그러니, 춘천 고택으로 놀러 오진 마세요.

편히 쉬러 오세요.

한가로운 하루를 꿈꾸듯 쉬러 오세요.

주소_강원도 춘천시 신동면 정족리 643

카페_http://blog.naver.com/jawana

한스미디어의 수예 & 핸드메이드 도서

베스트 뜨개 & 핸드메이드 매거진 털실타래 Vol.1~5
일본보그사 편 | 각 22,000원

 ## 코바늘 손뜨개

**쉽게 배우는
새로운 코바늘 손뜨개의 기초**
일본보그사 저 | 김현영 역
153쪽 | 18,000원

**쉽게 배우는
새로운 코바늘 손뜨개의 기초 실전편**
일본보그사 저 | 이은정 역
136쪽 | 16,500원

**쉽게 배우는
코바늘 손뜨개 무늬 123**
일본보그사 저 | 배혜영 역
111쪽 | 15,000원

**쉽게 배우는
모티브 뜨기의 기초**
일본보그사 저 | 강수현 역
112쪽 | 15,000원

**실을 끊지 않는
코바늘 연속
모티브 패턴집**
일본보그사 저 | 강수현 역
112쪽 | 18,000원

**실을 끊지 않는
코바늘 연속
모티브 패턴집 II**
일본 보그사 저 | 강수현 역
112쪽 | 18,000원

**매일매일
뜨개 가방**
최미희 저 | 200쪽 | 20,000원

**손뜨개꽃길의
사계절 코바늘 플라워**
박경조 저 | 244쪽 | 22,000원

**대바늘과 코바늘로 뜨는
겨울 손뜨개 가방**
아사히신문출판 저 | 강수현 역
80쪽 | 13,000원

대바늘 손뜨개

쉽게 배우는
새로운 대바늘 손뜨개의 기초
일본보그사 저 | 김현영 역
160쪽 | 18,000원

마마랜스의 일상 니트
이하니 저
200쪽 | 22,000원

니팅테이블의
대바늘 손뜨개 레슨
이윤지 저
176쪽 | 18,000원

그린도토리의
숲속 동물 손뜨개
명주현 저
228쪽 | 18,000원

바람공방의 마음에 드는 니트
바람공방 저 | 남궁가윤 역
96쪽 | 16,800원

유러피안 클래식 손뜨개
효도 요시코 저 | 배혜영 역
120쪽 | 15,000원

매일 입고 싶은
남자 니트
일본보그사 저 | 강수현 역
96쪽 | 14,000원

M·L·XL 사이즈로 뜨는
남자 니트
리틀 버드 저 | 배혜영 역
116쪽 | 15,000원

52주의 뜨개 양말
레인 저 | 서효령 역
256쪽 | 29,800원

52주의 숄
레인 저 | 조진경 역
272쪽 | 33,000원

쿠튀르 니트
대바늘 손뜨개 패턴집 260
시다 히토미 저 | 남궁가윤 역
136쪽 | 20,000원

쿠튀르 니트
대바늘 니트 패턴집 250
시다 히토미 저 | 남궁가윤 역
144쪽 | 20,000원

대바늘 비침무늬
패턴집 280
일본보그사 저 | 남궁가윤 역
144쪽 | 20,000원

대바늘 아란무늬
패턴집 110
일본보그사 저 | 남궁가윤 역
112쪽 | 20,000원

쉽게 배우는
대바늘 손뜨개 무늬 125
일본보그사 저 | 배혜영 역
128쪽 | 15,000원